K.G. りぶれっと No. 28

最先端の心理科学
基礎研究と応用実践

玉越勢治
三田村仰
野田　航
前田志壽代

関西学院大学出版会

目次

はじめに

本書『最先端の心理科学――基礎研究と応用実践』は、二〇〇六年八月発行の『心理科学研究のフロンティア』、二〇〇七年三月発行の『臨床心理科学研究のフロンティア』、二〇一〇年三月発行の『心理科学の最前線』に続く第四号として出版されるものである。

本書は、関西学院大学大学院文学研究科総合心理科学専攻の事業プログラム「国際化社会に貢献する心理科学実践家の養成」（文部科学省採択「組織的な大学院教育改革推進プログラム」二〇〇九―二〇一一年度）の一環でもある。同プログラムでは、先端的な心理科学研究の推進と、社会のニーズに応え国際的に活躍できる心理科学専門家の養成を目的としている。ここでいう心理科学専門家には、大学教員やさまざまな研究機関の研究員だけでなく、企業の企画・研究開発部門において人の心に関わる製品・システムの開発や心理評価に関わるプロデューサーやプロジェクトリーダー、学校や医療の現場において教員や医師などと共同して問題解決にあたるコンサルタントやカウンセラーなども含まれる。

本書は、そうした多岐にわたる応用実践とそれを支える基礎研究の中から、いくつかの実例を紹介したものである。四名の著者は、いずれも今年度、関西学院大学文学研究科から、博士（心理学）または博士（教育心理学）を取得した気鋭の心理学者であり、各自の専門テーマを一般の方々や高校生、心理学を学び始めた大学生向けに一章ずつ執筆してもらった。各章は独立しているので、読者の方はどの章から読み始められても構わない。

本書の編集にあたっては、井村庸子さんと磯部直彦さんの協力を得た。磯部さんには、第三章の子どものイラストも描いていただいた。感謝したい。

八木昭宏（プログラム代表者、関西学院大学文学部総合心理科学科教授）
中島定彦（出版企画担当者、関西学院大学文学部総合心理科学科教授）

第1章 聞こえない音に反応する脳
——脳波と聴覚について

玉越勢治

はじめに

ハンターは獲物を狙うとき、最も無防備になる。

この言葉をどこかで聞いたことがあるだろうか。なぜ無防備になるか。ハンターは普段周囲の異変に気付くことができる。しかし標的に集中するあまり、心を奪われ、気付けるはずの異変に気付けなくなる。そのため、さらなる捕食者に射程距離まで近寄られる。いざ、食うはずのハンターはついに食われるのである。

われわれは日常生活で、さまざまな周辺の情報から必要なものを選択し、利用しながら生活している。道路標識や電光掲示板のみならず、夏には打ち上げ花火が夜空を賑わし、冬には美しいイルミネーションが街を彩り、人々は時として心を奪われる。突然クラクションを鳴らされたとする。たちまちロマンティックな気分は吹き飛び、危険を回避するため対応を迫られる。このような奪われる心、あるいは必要な情報を選択する過程を心理学では「注意」と呼んでいる。視覚情報は振り返ることや、目を動かすことによって積極的に注意を向けることができる。一方、聴覚情報は全方位から得られる情報を逐次処理している。この処理は注意を向けていないような、目覚まし時計のように寝ている時ですら、また背後の物音に気付けるように、意識しなくても行われているのである。

この機能は万全ではない。心ここにあらず、という状態で、しばしば周囲の物音に気付かず、反応できないことがあるだろう。無防備なハンターである。しかしながら本人が周囲の聴覚情報に気付かない場合にも、脳は反応し、脳の中で警告音を鳴らすように、ある特異的な脳波を出現させる。聞いていない音に脳は反応するのである。本稿はこのような意識を向けていない聴覚情報に対する脳波について、紹介するものである。

波で表現する音と脳

聴覚情報である音の正体は、言わずと知れた空気の振動が起こす音波である。波は三種類の要素で構成されている。波の高さ（振幅）、波の周期（周波数）、波の生じるタイミング（位相）、である。音波のイメージを音楽に表すと、振幅は音の大きさ、周波数は音の高さ、位相は音の奥行き感に関係する（文献1）。

脳波とはどのようなものであろうか。脳波も音波と同じ波の性質をもち、リズムをもって活動する。脳の活動は神経細胞の電気的な活動を伴う。このリズムを持った電気的な活動を計測したものが脳波である。脳波によって、人が何を考えているのか読み取ったり、電子機器を操作するような技術は、現段階では開発途上である。寝ているか起きているかという、ごく簡単な生理状態について脳波から知ることができる。さらに、ある実験的な手続きによって、見たり、聞いたり、感じたりするような認知機能を反映した脳波を抽出することが可能となる。それは事象関連電位と呼ばれる脳電位である。

見る脳・聞く脳

我々がテレビを見たり、音楽を聞いたりするとき、人の脳の視覚に関連した脳部位や聴覚に関連した脳部位が活動し、その活動は事象関連電位として脳波に反映される。事象関連電位を調べることで、人がどのように世界を見聞きしているかを知ることが可能となる。また、外界から得られる情報だけでなく、人の内発的な心理過程も反映される。例えば、単純に物を見ている時と、探し物を発見した時では異なる波形が得られる。前者のように、外界からの刺激に対し、その特性を反映するように得られる反応は外因性成分と呼ばれる。強い光を見ると事象関連電位は高い振幅をもって顕著に現れる。また、後者のように人の認知活動に関連した反応は、内因性成分と呼ばれる。例えば注意を向けた刺激に対して、高振幅の反応が得られる。しかし、事象関連電位は非常に微弱な電位変動であるため、ある実験的な手続きを実施しなければ観察することが不可能である。

まず、脳波は頭皮に設置した電極より導き出し、電気的に増幅することで観察される。脳波自体がごく微弱な電位変動であるため、マイクを繋げてボリュームを上げるようなものである。得られた脳波には、脳の様々な部位の多種多様な活動が反映される。覚醒状態での人の頭皮上からは、一秒間に十五回から三十回程度変動する脳波が観察される。これは周波数に直すと一五〜三〇ヘルツと表現でき、ベータ波と呼ばれている。ベータ波は一見、ランダムなノイズのような波形である。事象関連電位はベータ波よりもさらに微弱である。そのため、このランダムな波形の中から事象関連電位を探し出さなければならない。どうすればよいか。一つの手がかりはタイミングである。

ヨーイドン、に反応できるタイミングは大体同じくらいである。ならば、脳の中の処理も同じように、何か刺激が入力されてから反応するまでの時間は毎回同じくらいであると考えられる。例えばなにも聞こえていない状態から、短い音を呈示する。これを数回繰り返すと、音が呈示された後、どこかのタイミングで同じような変化が見られるだろう。この反応は聴覚に関連していると考えられる。一方、その他のタイミングでは聴覚以外の反応がランダム様に観察されるだろう。このランダムな波形を取り払い、聴覚に関連した反応だけを抽出すれば、事象関連電位は得られるわけである。抽出するため、まず音が呈示されたタイミングで波形を切り出してきて重ね合わせる。さらにその波形を足し合わせるとランダムな波は互いを打ち消しあうだろう。一方、同じタイミングで生じる同じような反応は増強される。この手続きは加算平均と呼ばれ、その他のいくつかの補正を通過させて得られた波形が事象関連電位である（図1参照）。

得られた事象関連電位より、部位情報や振幅、あるいは潜時から、成分を特定する。その後の統計的分析に頂点振幅値や頂点潜時を用いる。これらの値の違いによって、刺激に対する処理の仕方や、処理過程について時間を追って調べていくことが可能となる（文献2・3）。事象関連電位はこの加算平均という手続きによる信号の抽出が必要であるため、通常は、ごく単純な実験環境で数十回程度刺激が呈示され、その反応が計測される。視覚や触覚も同様である。では音楽のような複雑な刺激を用いて、感動する心を測定するにはどうすればよいか。五十回程度感動してもらい、感動したタイミングに基づいて波形を切り出して加算平均することによって、感動に関連した事象関連電位が得られるかもしれない。感動のタイミングを測定

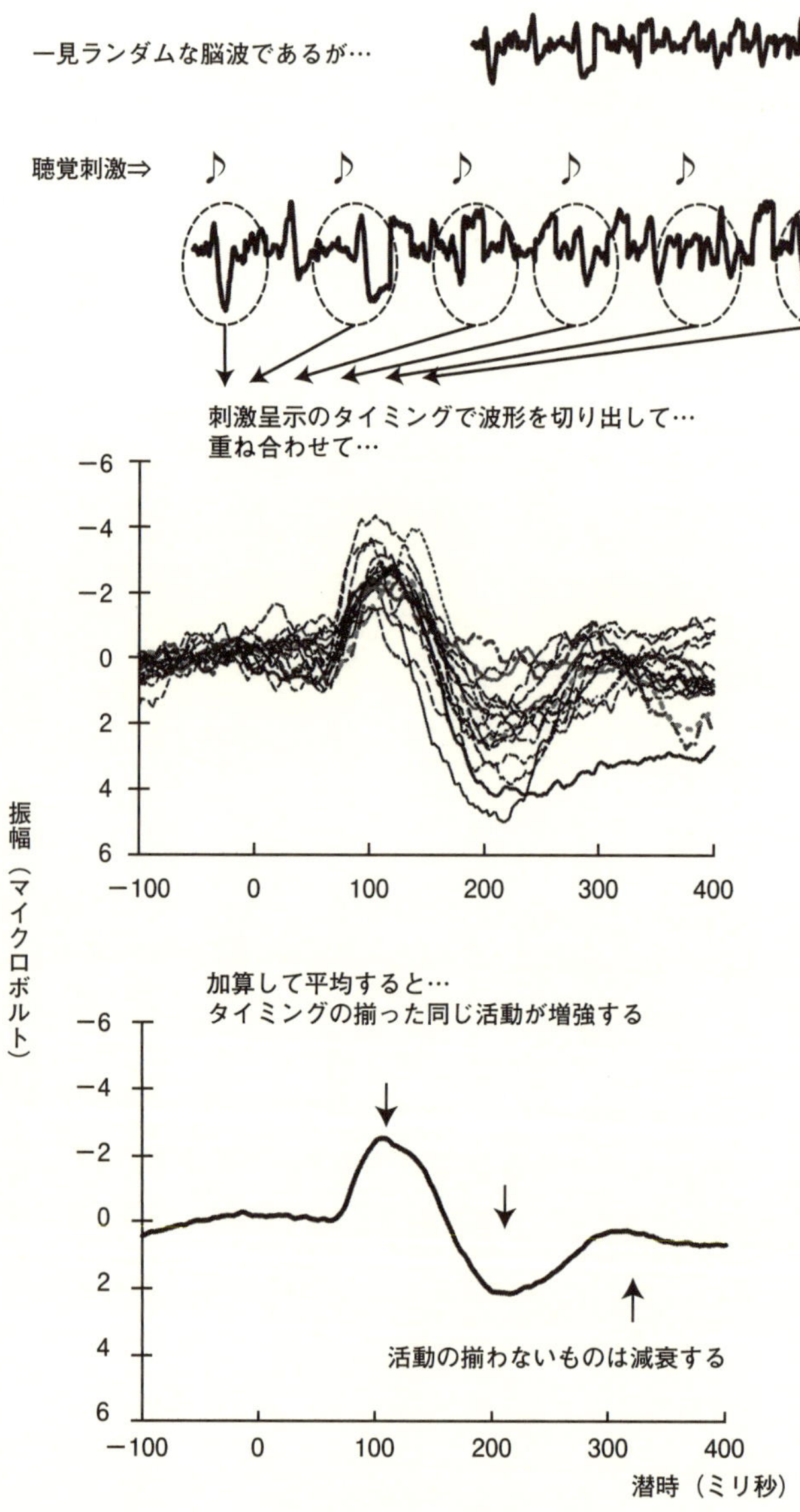
一見ランダムな脳波であるが…
聴覚刺激⇒
刺激呈示のタイミングで波形を切り出して…
重ね合わせて…
振幅（マイクロボルト）
−6
−4
−2
0
2
4
6
−100
0
100
200
300
400
加算して平均すると…
タイミングの揃った同じ活動が増強する
活動の揃わないものは減衰する
潜時（ミリ秒）

図１　加算平均処理の過程

することが困難であれば、背中の立毛筋の活動を平行して記録して、タイミングの手がかりにすると上手くいくかもしれない。人は感動したとき背筋がゾクッとするものである。

さて、事象関連電位は人の心的過程と対応付けて、様々な成分として定義され個別に名前が付けられている。その手がかりとして、まず事象関連電位が優勢に観察される部位の情報が用いられる。部位は国際的な基準がいくつか設けられて、前頭部や頭頂部などに記号で名前が付けられている。次に振幅について、脳波や事象関連電位は鼻や耳の基準電極との電位の差を記録するため、基準電極に対して相対的に陽性（プラス方向）の電位差があれば陽性成分とよばれ、陰性（マイナス方向）の電位差であれば陰性成分と呼ばれる。単に波形のみを表現するときは陽性電位、陰性電位、あるいは陰性波などと呼ぶこともある。潜時とは事象が生じてから、事象関連電位が出現するまでの時間である。代表的な認知活動を反映する事象関連電位であるＰ三〇〇成分は潜時三〇〇ミリ秒付近から出現する陽性（positive）の成分である。このＰ三〇〇成分は、標的を発見したときに出現する内因性の事象関連電位である（文献２・３）。

音の変化に気付く脳

事象関連電位の中でも、特に聴覚情報の変化検出過程に関連した成分が二つある。Ｎ１（Ｎ一〇〇）成分、とミスマッチ陰性電位である。Ｎ１成分とは聴覚刺激が感覚器（耳、鼓膜）に到達してから約五〇～一〇〇ミリ秒の潜時で前頭から頭頂部にかけて優勢な陰性電位として現れる。Ｎ１成分は聴覚情報の入力に関連した外因性の事象関連電位である。一方、ミスマッチ陰性電位は聴覚において特異的な、自動的な変化検出を反映した事象関連電位である（視覚性のミスマッチ陰性電位も報告されているが本稿では割愛する）。図２にＮ１成分とミスマッチ陰性電位成分の波形の模式図を示す。なお、事象関連電位を図示する場合、慣例的に上方を陰性、下方を陽性に示すことが多い。従って、潜時一〇〇～二五〇ミリ秒にかけて、上方へシフトしている電位変動がミスマッチ陰性電位である。

ミスマッチ陰性電位は一貫した標準刺激の反復呈示中において、標準刺激から変化した逸脱刺激（mismatch: 標準刺激と不一致）の出現により、潜時一〇〇～二五〇ミリ秒の陰性電位として前頭部に観察される。手拍子の中に稀《まれ》にカスタネットが鳴ると、オヤッと思うわけである。カスタネットの中の手拍子でも同様である。ここで重要な事は、稀に変化するという事である。

面白いことに、ミスマッチ陰性電位は刺激に対して注意を向けていなくても、更に刺激を無視するような課題を与えられても出現する。故に本人が変化に気付いていなくても、脳波として観察されるのである。聞いていない音に脳が反応するのである。通常、ミスマッチ陰性電位はＮ１に重なる形で観察され、純粋な内因性成分として観察するにはＮ１成分を除去する必要

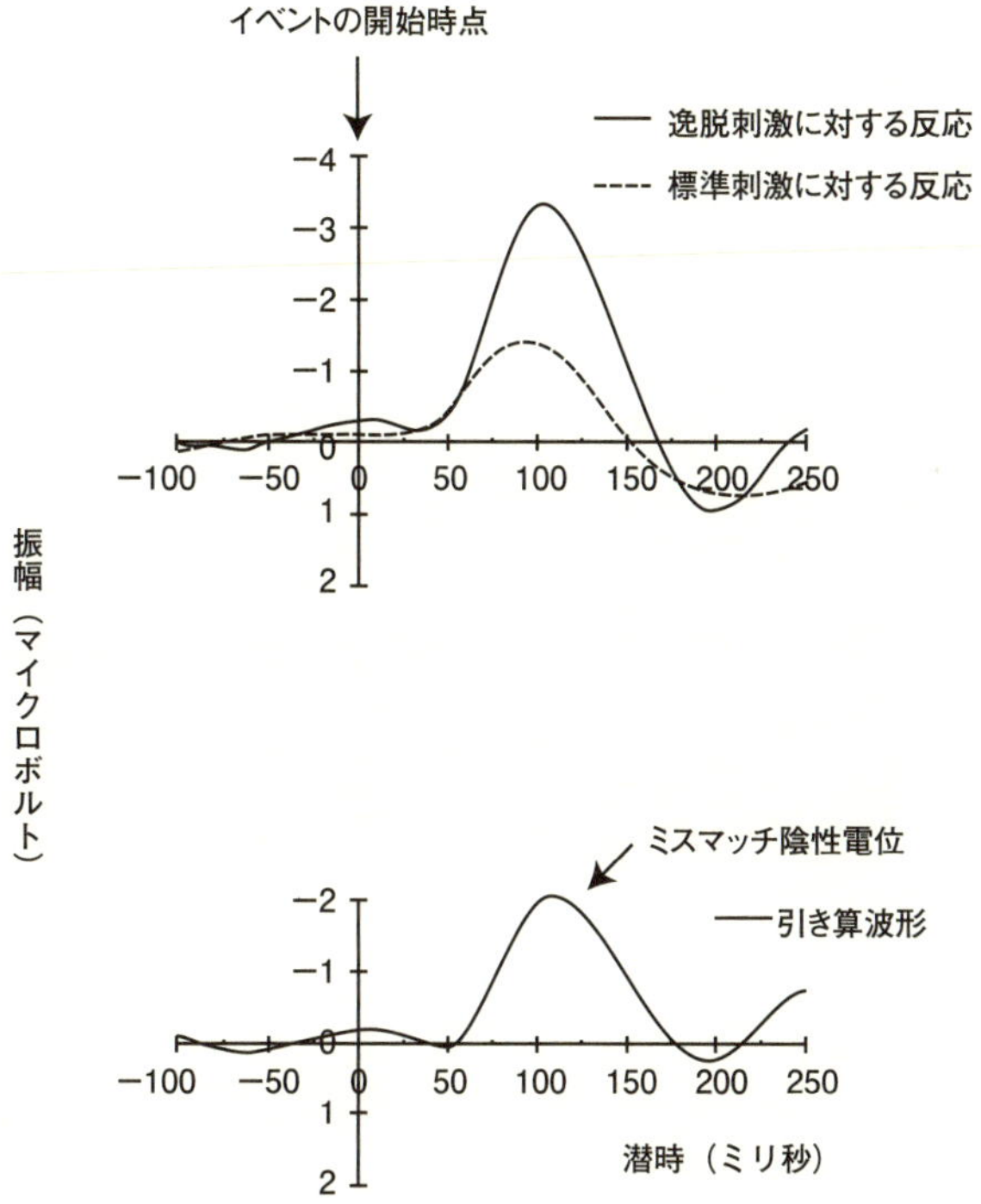

図2　N1成分とミスマッチ陰性成分、引き算処理の模式図

上図の点線は標準刺激に対するN1成分を示す。
逸脱刺激に対する反応からN1成分を減算した引き算波形が
下図のミスマッチ陰性電位である。

がある。その手法として、逸脱刺激に対する反応から標準刺激に対する反応を文字通り引き算する引き算法がよく用いられる（図2参照）。しかしながら、引き算という手続きが正しいのかどうか、また引き算によって得られた成分は妥当なのかという点は問題となっている。

生じない事象に反応する脳

N1とミスマッチ陰性電位は二つの異なる成分でそれぞれ異なる心的過程を反映していることが定説となっている。例えば、突然鳴った雷鳴に振りむくことが出来るのは、何も聞こえていない状況で音が突然鳴るような、顕著で一過的な変化を検出するN1が反映する過程が生じた結果である。一方、時報のように繰り返して呈示される音が、時刻と丁度合った時に音が変化するような事態で、ミスマッチ陰性電位は出現する。秒針の刻みは標準刺激として記憶に痕跡を残し、鐘のような音は記憶に残された痕跡と異なるため、照合過程が働き、結果ミスマッチ陰性電位が出現するわけである。すなわち、N1は一過性の聴覚情報の検出であり、ミスマッチ陰性電位は、先行刺激が形成した感覚記憶の痕跡と、入力された情報との間の自動的な照合過程の反映とされている（文献4）。しかしミスマッチ陰性電位が発見されてから約三十年が経過しているが、今でもN1とミスマッチ陰性電位は同じ成分であるという反論が絶えない。膨大な先行研究によって、N1とミスマッチ陰性電位の機能的な違いはことごとく明らかになっているにも関わらず、定説を覆そうとする反論がことごとく絶えないのである。しかし、ミスマッチ陰性電位には決定的な特徴がある。それは、「呈示されるはずの刺激が呈示されない事象に対して出現する」性質である。N1成分は外因性事象関連電位であるため、刺激の入力がなければ出現することはない。しかしミスマッチ陰性電位は刺激の入力がないにも関わらず、刺激がない、という内因性の処理を反映して出現するのである。それはまさに、聞いていない時の聞こえない音に対して脳が反応する過程である。さらに、刺激が入力されていない事態であるため、前述の引き算処理を必要とせず、純粋な内因性成分として観察される。この事実はミスマッチ陰性電位の特異性を語る上で決定的な根拠となっている。しかし、それでも二〇一〇年現在、反論の声は潰えていない（文献5）。

刺激の欠落によって出現する事象関連電位の正体

前述した「呈示されるはずの刺激が呈示されない事象」は刺激の欠落、あるいは抜け落ちる事態そのものを指して、欠落刺激と呼ばれている。欠落刺激でミスマッチ陰性電位は出現するが、しかしながら、この事象関連電位もN1成分である、という主張がなされている。本来N1成分は刺激の入力に対する一過的な反応であるが、持続的に入力された刺激が終了しても、終了した時点をきっかけに、同様なN1成分が出現するためである。刺激が欠落した時点で反応する陰性電位は、定常的に入力される聴覚情報の終了時点によって出現するN1成分の一つであるという主張である（文献5）。本稿ではこのような終了時点をきっかけにしたN1の反応をオフN1と呼ぶ。

著者らは、ミスマッチ陰性電位とオフN1の違いを調べるため、刺激呈示間間隔を操作して欠落刺激に対する反応を測定した。人の聴覚系は刺激呈示の間隔が短すぎると、刺激自体は独立して呈示されているにも関わらず、つながりを持った連続音として認識、すなわち知覚される。例えば、ヘリコプターのファンの音は、回転初期ではヒュンヒュン聞こえるが、スピードがのると、ブーンと繋がった音に知覚される。この時間間隔の境界は二五ミリ秒程度である。これより短く刺激が呈示されると連続音として知覚され、長く呈示されると断続音として知覚される（文献6）。この特性を利用し、連続音の中の欠落刺激と断続音の中の欠落刺激、それぞれに対する事象関連電位を比較した。本稿では前者を区切り、後者を欠落と呼ぶ。刺激の終了時点を反映するオフN1が欠落に対する反応の正体であるなら、区切れも欠落も同様な反応が得られるはずである。違いが得られるなら、それがN1成分とミスマッチ陰性電位の違いとなる。

実験の結果、一五〇ミリ秒以下の呈示間間隔の中に挿入された欠落刺激について、陰性電位が確認された。それ以上の間隔では陰性電位は確認されなかった（図3）。特に連続音として

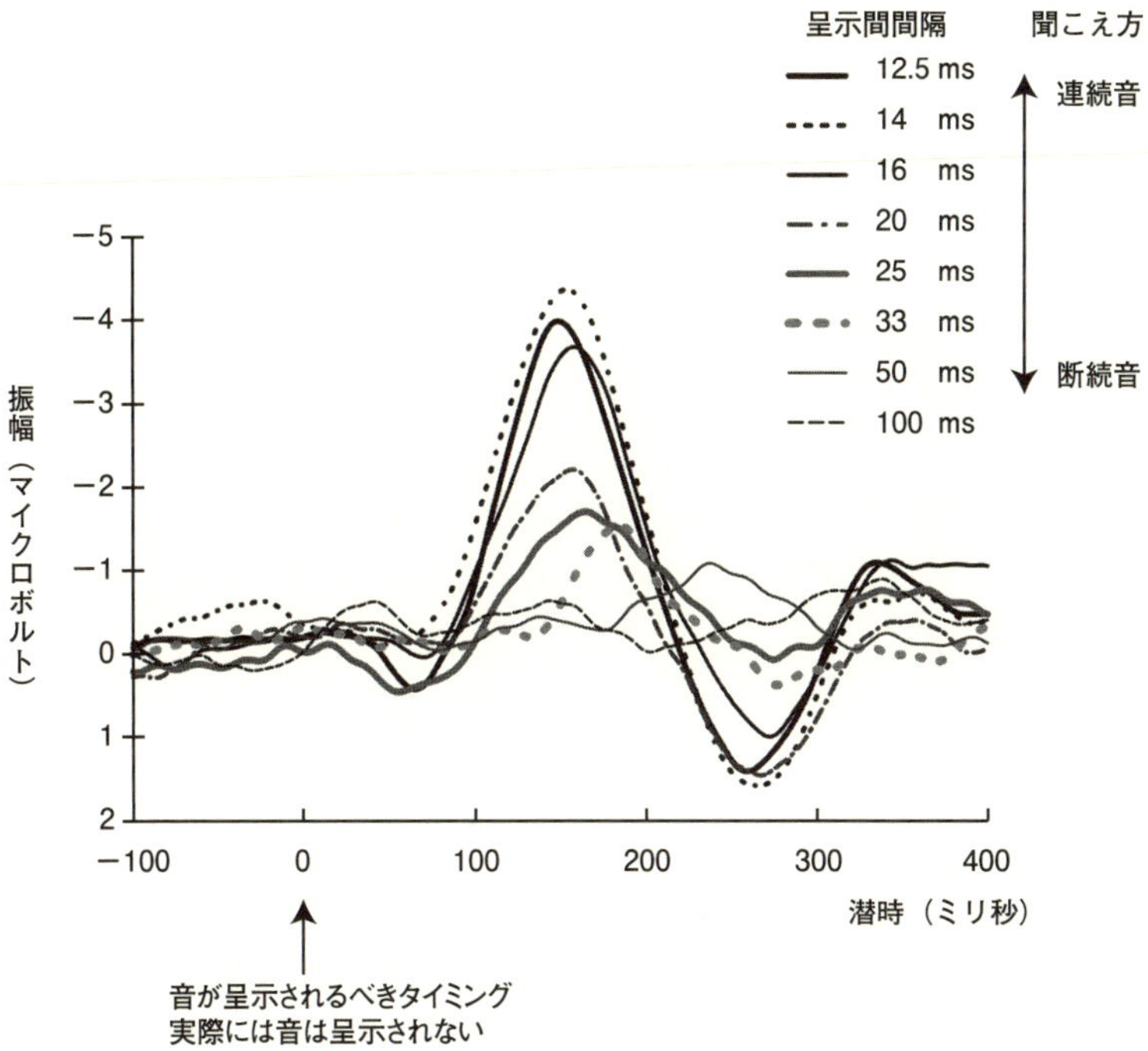

図3　参加者8名の前頭部から得られた事象関連電位

刺激の呈示間間隔は、12.5 〜 100 ミリ秒（ms）で変化した。

知覚される条件において、高振幅の陰性電位が得られた。それより低い呈示率、すなわち音のつながりをやや感じている条件と、断続音として知覚される条件では振幅に差は認められなかった。以上の結果より、欠落事態に対して出現するN1成分とミスマッチ陰性電位は異なる成分であることが示された。連続音として知覚される条件であればあるほど、区切れは顕著にN1成分に反映させる。さらに、欠落に対する反応は刺激の入力がないため、この電位はミスマッチ陰性電位であると考えられる。また、振幅においてN1成分と統計的な差が認められたため、この反応はオフN1成分ではないと考えられる。しかしながら、その検出過程が、音の大きさにおける変化の検出であるのか、逐次的に入力される刺激系列の構造の変化に基づかれた検出であるのかを確認する必要がある。連続音として知覚される条件では全体的に音は大きく知覚され、相対的に区切れにおける変化が顕著となった可能性があるためである。

生じない事は何を生じさせるか

著者らは続けて欠落刺激の検出過程について検討した。手続きとして、刺激の呈示間間隔の半分の持続時間を持った刺激を条件ごとに用いた。この操作によって、連続音に挿入された区切れに対する変化量は、断続音における刺激の欠落よりも少なくなる。すなわち、欠落情報の変化量は連続音では少なく、断続音になればなるほど、刺激一つ一つの持続時間が増すため、

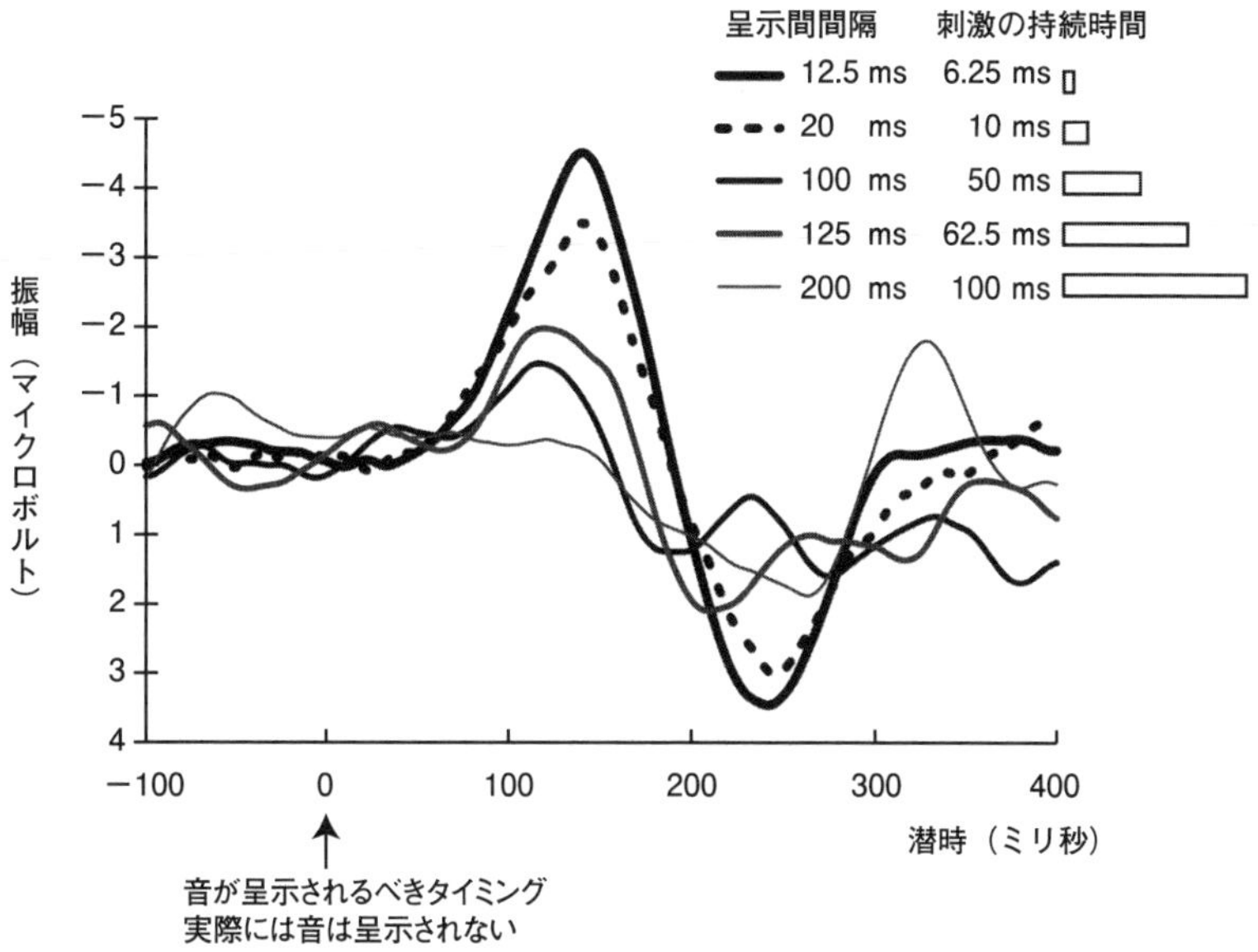

図４　Fz部で得られた事象関連電位波形

欠落による変化量は多くなる。全体的な刺激音の大きさは、連続音でも断続音でも条件間で一定になった。

結果は先の実験結果と同様なものであった（図４）。また、断続音系列中の欠落は、呈示間隔によって音圧の変化が異なるにも関わらず、その違いはミスマッチ陰性電位に反映されなかった。これらの結果より、欠落刺激の検出には、記憶の痕跡に対して、入力される情報の構造の変化に基づいて行われていることが示された。

刺激の欠落が示す聴覚情報処理

先行研究や著者らの実験でも見られたように、断続音系列に挿入された欠落刺激では、ある程度短い間隔で刺激が呈示されていないと、ミスマッチ陰性電位は出現しない。著者らの実験では一五〇ミリ秒以上ではミスマッチ陰性電位は出現しなかった。では、この時間の違いによる照合過程は何が異なるのであろうか。ミスマッチ陰性電位は先行刺激の形成する記憶痕跡と、入力情報との照合過程の反映であると考えられている。著者らの実験では、構造の変化によってミスマッチ陰性電位は出現したと結論付けた。では、入力情報が形成する構造とはどのようなものであるか。

聴覚情報は日常生活において、時々刻々と変化しながら入力される。我々の聴覚系は環境音を認知するのにあたり、入力情報を、ある時間範囲で区切りをつけ、まとまった情報として処理する必要がある。例えば言語を想像してもらいたい。我々は、文章として情報を理解するがそれに先立って、数文字の単語というまとまりで意味を認識する。さらに単語を構成する一音一音は実は子音と母音に分かれている。日常生活では子音と母音を別々に聞き取ることはない。まとまった情報としてどこかで処理されているからと考えられる。この処理過程は時間統合窓と呼ばれる。ミスマッチ陰性電位は時間統合窓の特徴を検討する指標となる。

欠落刺激によってミスマッチ陰性電位を観察するには、短い呈示間間隔での刺激呈示が必要条件となる。刺激が一五〇ミリ秒より短い間隔で入力される場合、先行刺激と後続刺激の二つの刺激がペアとなって時間統合窓に統合される。一方、欠落刺激は刺激がペアとならない。その違いに基づいてミスマッチ陰性電位が出現すると考えられる（文献７）。時間統合窓の時間長を超える呈示間間隔なら、刺激一つが一つの時間統合窓に収まり、ペアとして統合されることはない。刺激欠落では、刺激が入力されないので時間統合窓は形成されない。結果的に刺激欠落に対してミスマッチ陰性電位の反応が生じなくなるわけである。この一五〇ミリ秒程度の時間は丁度、子音と母音が統合された長さとほぼ一致する。このように、ミスマッチ陰性電位を調べることによって、時間統合窓の長さが推定できるのである。また、長さのみならず、特性も知ることができる。著者らの実験結果より、その照合は音圧の変化を検出しているのではなく、ペアか、そうでないかという情報の構造を照合していることが示された。

まとめと展望

我々の日常生活では認識することのない情報についても、脳は反応している。本稿で紹介したような、音が鳴らない事態に対しても脳は反応する。また、その現象から単純な入力情報の変化を検出しているのではなく、より高次な心的過程が反映されていることが示された。

聴覚刺激である音は、特性について物理的にかつ単純に記述することが可能である。全ての音は三つの要素である、振幅、周波数、位相で表現できる。それにも関わらず、和太鼓や鼓のように、あるいはオーケストラのシンバルのように、たとえ単一の刺激であっても、人を魅了し感動を与えるような強い心理作用を持つ。同様に脳波も波の性質をもち、事象関連電位だけでなく、音と脳の波を直接比較することも可能である。この、聴覚刺激と相性の良い脳波を用いた研究によって、人に感動を与える音楽や言語について、幅広く解き明かしていくことが可能となる。

文献

1　B・C・J・ムーア著、大串健吾・山田真司・倉片憲治・上田和夫・岡田斉訳『聴覚心理学概論』、東京：誠信書房、一九九四年、二―一一頁。
2　入戸野宏『心理学のための事象関連電位ガイドブック』、京都：北大路書房、二〇〇五年。
3　八木昭宏『知覚と認知』、東京：培風館、一九九七年、一〇四―一一二頁。
4　玉越勢治・八木昭宏「ミスマッチ陰性電位と聴覚情報処理」、『人文論究（関西学院大学）』、第五六巻、第二号、二〇〇六年、一―一七頁。

5　May, P. J. C., & Tiitinen, H. (2010). Mismatch negativity (MMN), the deviance deflection. Explained. *Psychophysiology, 47*, 66–122.

6　Pressnitzer, D., Patterson, R. D., & Krumbholz, K. (2001). The lower limit of melodic pitch. *The Journal of the Acoustical Society of America, 109*, 2074–2084.

7　Yabe, H., Tervaniemi, M., Reinikainen, K., & Näätänen, R. (1997). Temporal window of integration revealed by MMN to sound omission. *Neuroreport, 8*, 1971–1974.

第2章 しなやかで芯《しん》のある自己表現
——機能的アサーションとは何か？

三田村 仰

自他を尊重する自己表現：アサーション

生きていく上で、だれもが少なからず一つや二つは人間関係の悩みを経験することだろう。友人や先輩・後輩から、上司や部下、家族やただの知り合いまで、私たちは様々な相手とのコミュニケーションを必要とする。しかし時として、コミュニケーションはすれ違い、伝えるべきことが十分伝えられないこともある。相手を尊重した上で、自分自身の意見や考えを効果的に伝える、そんな自己表現ができたならどれだけ人生を有意義に過ごせるだろう。

自他を尊重する自己表現を「アサーション」という。アサーションは米国で発展し、このアサーションを教えるアサーション・トレーニングはわが国でも幅広く実践されている（文献1）。筆者は、この米国由来のアサーションについて、日本文化を代表とする人間関係の繊細な状況にも適合する方法を探り「機能的アサーション」という新たな考えを提唱している。筆者は特に、自己表現の際の言葉の使い方についての研究を重ねてきたので、この章ではその一部を紹介したい。

中学や高校を卒業するとアルバイトを始める人も多いだろう。例えば、あるお店で週四回働く人が、そのうち一回どうしてもお店に出られなかった場合、他の人にシフトの交代を依頼しなければならないことがある。そんなとき、その依頼をどういったやり方で相手に伝えるだろうか。アサーションが何であるかを理解するには、アサーションとそれ以外の自己表現とを比較すると分かりやすい。アサーションでない自己表現には「攻撃的自己表現」と「受け身的自己表現」および「自虐的自己表現」がある。次にそれぞれの例を挙げてみよう。

例1　攻撃的自己表現：「来週、シフト代われよ。」と簡潔に、明確に、そして命令形で言う。

例2　受け身的自己表現：「あの、申し訳ないんだけど、どうしても来週用事ができてしまって、本当に悪いんだけどシフト代わってくれたら助かるんだけど……。」と謝罪の言葉を含め、多くの言葉を使って回りくどく、間接的に言う。

例3　自虐的自己表現：「あぁ、来週用事ができちゃってどうしよう。誰かがシフト代わってくれたら助かるんだけど……。自分の責任だし自分で無理したらいいんだよね。ごめんね、気にしないで。」と例2と同様に、謝罪の言葉を含め、多くの言葉を使って回りくどく、間接的に言う。

例4　アサーション：「来週用事ができちゃって、どうしてもその日バイトに出られないから、その日シフトを代わって欲しいんだ。埋め合わせはしようと思うんだけど。都合はどうかな？」と余計な謝罪の言葉は含めず、簡潔で直接的な言い回しで言う。また相手の意見についても尋ねる。

例1の「攻撃的自己表現」（図1）とは、「相手を尊重」できていない自己表現のことで、自分が言いたいことを一方的に主張したり、相手を威圧したり脅したりする自己表現がこれにあたる。攻撃的自己表現は、自己表現する当人にとっては良い方法かもしれないが、相手の立場からみると非常に迷惑な自己表現である。

例2の「受け身的自己表現」（図2）とは、「自分自身を尊重」できていない自己表現のことであり、この自己表現を使う人は相手や周囲からは優しい人と受け取られたり、周囲に気が遣《つか》えている人と肯定的に評価されることも多い。しかし、自己表現をする当人は、自分の言いた

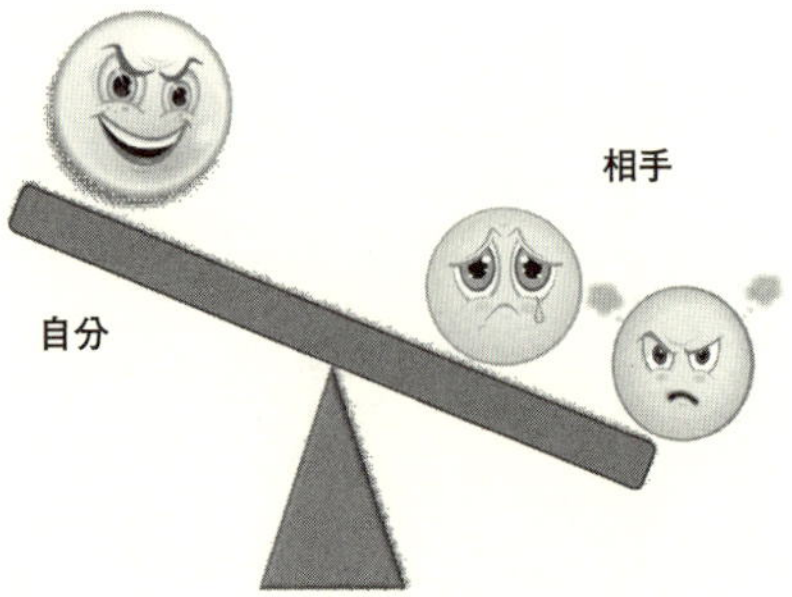

図1　攻撃的自己表現は自分を尊重するが相手を尊重しない

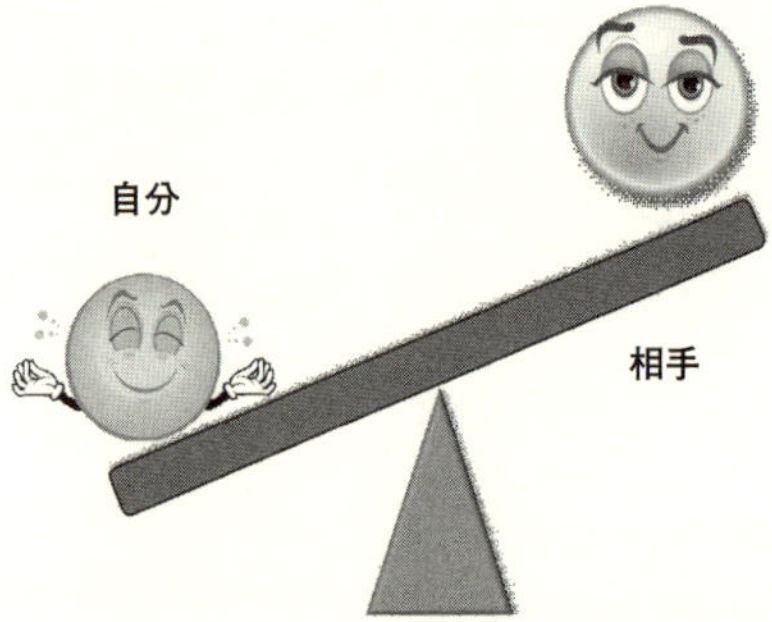

図2　受け身的自己表現は自分を尊重せず相手を尊重する

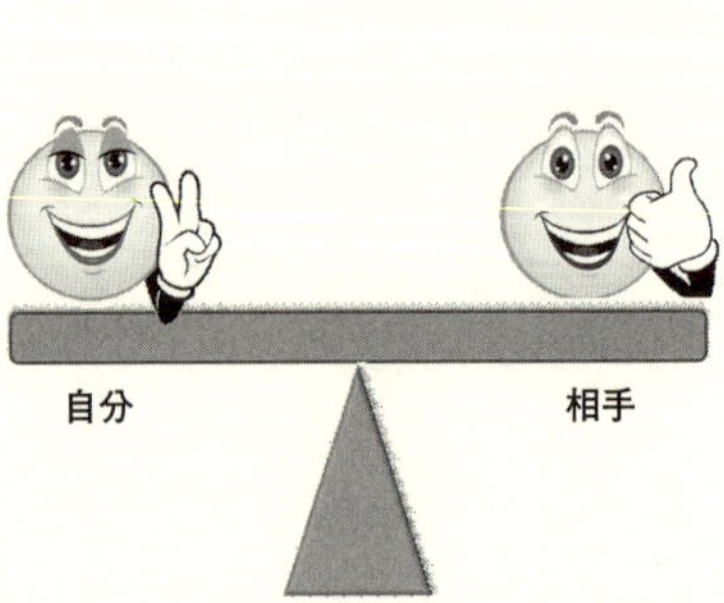

図3　アサーションは自分と相手の双方を尊重する

いことが十分に表現できず、結果的にストレスをため込んでしまうかもしれない。

さらに例3の「自虐的自己表現」とは、一見、受け身的自己表現でありながら、実際には相手に気を遣《つか》わせることで相手を動かそうとする自己表現で、攻撃的自己表現の一種である（図1）。

これら三つの自己表現に対して、例4のアサーション（図3）とは「自分自身の尊重」と「相手の尊重」の両立を目指す自己表現である。アサーションは、自分の意見や考えもきちんと伝えながら、相手の意見も尊重し、お互いにとっての最良のポイントを探るような理想の自己表現である（文献2・3）。

率直さを重視した従来のアサーション

アサーションがその他の自己表現と異なる「自他を尊重する」自己表現であることは既に述べたが、アサーションにも様々な異なった捉え方がある。最も一般的な従来のアサーションの考え方では、自己表現における「率直さ」を強調する。自己表現における率直さとは、自らの感じたことや考えを抑制することなくストレートな形で伝えることである。例えば、好きなことは「好き」、嫌なことは「嫌」と言い、やめて欲しいことについても素直に「やめて」と言うような、自他に対し真っ直ぐな自己表現のことである。従来のアサーションでは、率直に思いを伝え合うからこそ、自分の気持ちがきちんと相手に伝わり、相手の側もストレートな意見を受けて気持ちが良いとされている（文献2）。

この率直さを強調するアサーションの捉え方では、アサーションを「率直で堂々としてみえる」という自己表現の「見た目」によって定義することが多い。ここではこの自己表現の見た目のことを「形態」と呼ぶことにする。アサーションについての多くの研究者や実際にアサーション・トレーニングをおこなう人たちは、アサーションを「相手と目を合わせて」、「はっきりした口調で」、「余計な謝罪のことばを含めずに」、「堂々とした態度で」自己表現することだとしてきた（文献4）。こうした自己表現の「形態」による従来のアサーションの定義はなかなか分かりやすく、人にも教えやすいという利点がある。

（率直に）言うべきか言わざるべきか、それが問題だ

アサーションを形態で定義することが有益である一方、アサーションとされる自己表現の形態は状況によって変化するのではないかということが米国を中心に多く検討されてきた。これらの研究の結果、アサーションとされる自己表現の形態が、実際には相手からは、否定的に評価されることもあることが明らかになった（文献5）。つまり、相手も尊重するはずのアサーションの形態が実際には、相手を尊重できていない場合があるということである。例えば、

専門家が「アサーション」とした自己表現の形態は一般の人からはしばしば「攻撃的自己表現」として受け取られる（文献5）。実際の場面でも、率直な自己表現が効果的でない場面は多い。例えば、相手を傷つける恐れのある内容についての自己表現や目上の人への自己表現であったり、自分が何かを強く主張できる立場や状況にないといった「自己表現の正当性が低い場面」では、率直な自己表現は効果的とはいえないだろう。

従来のアサーションでは、率直な自己表現が上手くいかないと考えられた場合、無理に率直に振る舞う必要はなく、言いにくい場合には「言わない」という選択肢もあると強調してきた。しかし、「率直に言うか言わないか」という二分法では、複雑な対人関係に対応するのは難しい。言うべきか言わざるべきかという二分法を超えて、いかに自己表現すべきかを考えていく必要があるだろう。アサーションを自己表現の形態で定義する従来のやり方には弱点もあったのである。

しなやかで芯《しん》のある自己表現：機能的アサーション

筆者らは、従来のアサーションの定義とは異なる「機能的アサーション」という新たなアサーションの定義を提案している（文献6・7）。機能的アサーションとは、従来のアサーションと同じく、アサーションを「自他を尊重する自己表現」として捉えるが、アサーションを「形態（見た目）」ではなく「機能（働き）」によって定義するところに特徴がある。自己表現の「機能」とは、ある状況での自己表現の形態がもつ「働き」や「効果」の事である（図4・5）。例えば「ちょっと手伝って。」という母親から子どもへの自己表現は、「子どもが母親からおやつをもらうのを楽しみにしている状況」では母親の期待通りに機能し、子どもからの手伝いを引き出すだろう。しかし「子どもがテレビゲームに夢中な状況」では期待するようには機能せず子どもの空返事しか引き出さないかもしれない。そこで、後者の状況で母親は「クッキーを買ってあげるから、ゲームが終わったら手伝ってね。」と自己表現する方が母親にとって機能的かもしれない。機能的アサーションでは、状況に応じて自己表現の「形態」を柔軟に変化させることを重要と考える。

既に述べたようにアサーションとは「自他を尊重する」自己表現である。機能的アサーションにおける「自分自身の尊重」とは、自らの価値観に沿って目的の達成が出来るように自己表現することである。また機能的アサーションにおける「他者の尊重」とは、相手の面目を守って自己表現することであり、こちらから勝手に判断するのではなく相手からみて実際に「適切」とみなされるように自己表現を調整することである。したがって、機能的アサーションは、①自らの立場からみた目的の達成と②相手の立場からみて可能な限り適切であること、という二つの機能によって捉えられる（図4）。反対に目的が達成できなかったり、不必要に相

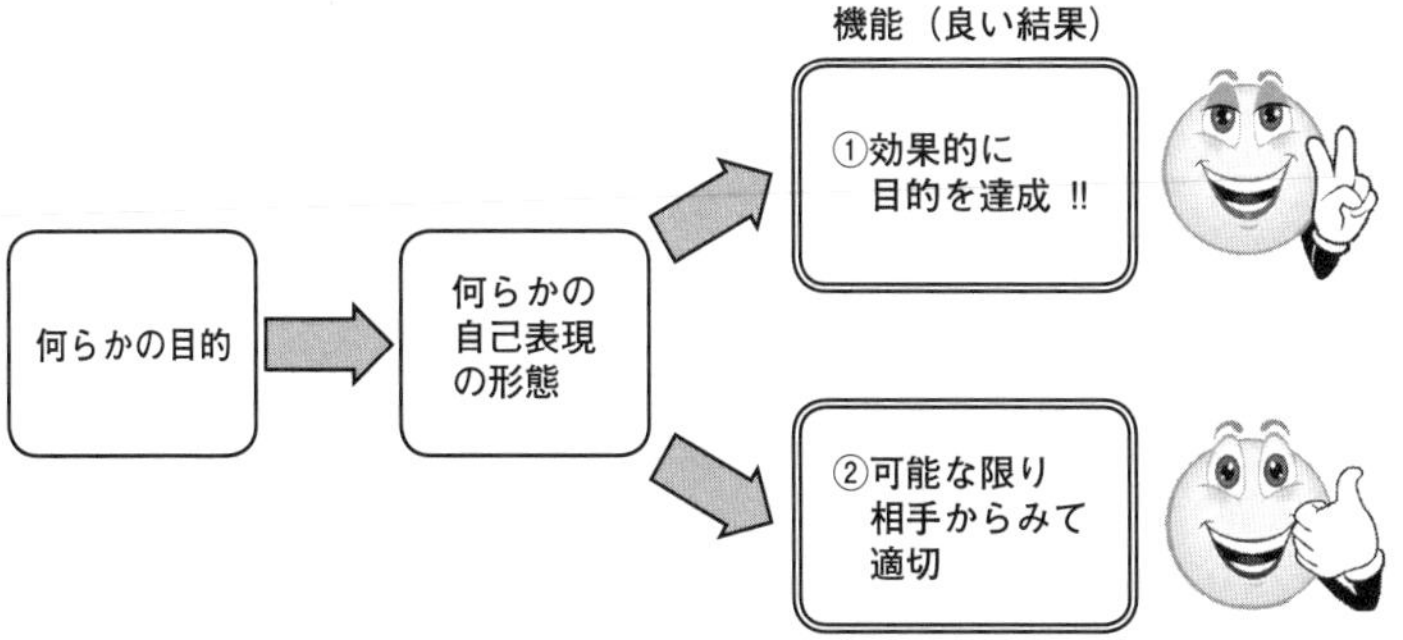

図4　機能的アサーションとは良い結果を導く自己表現

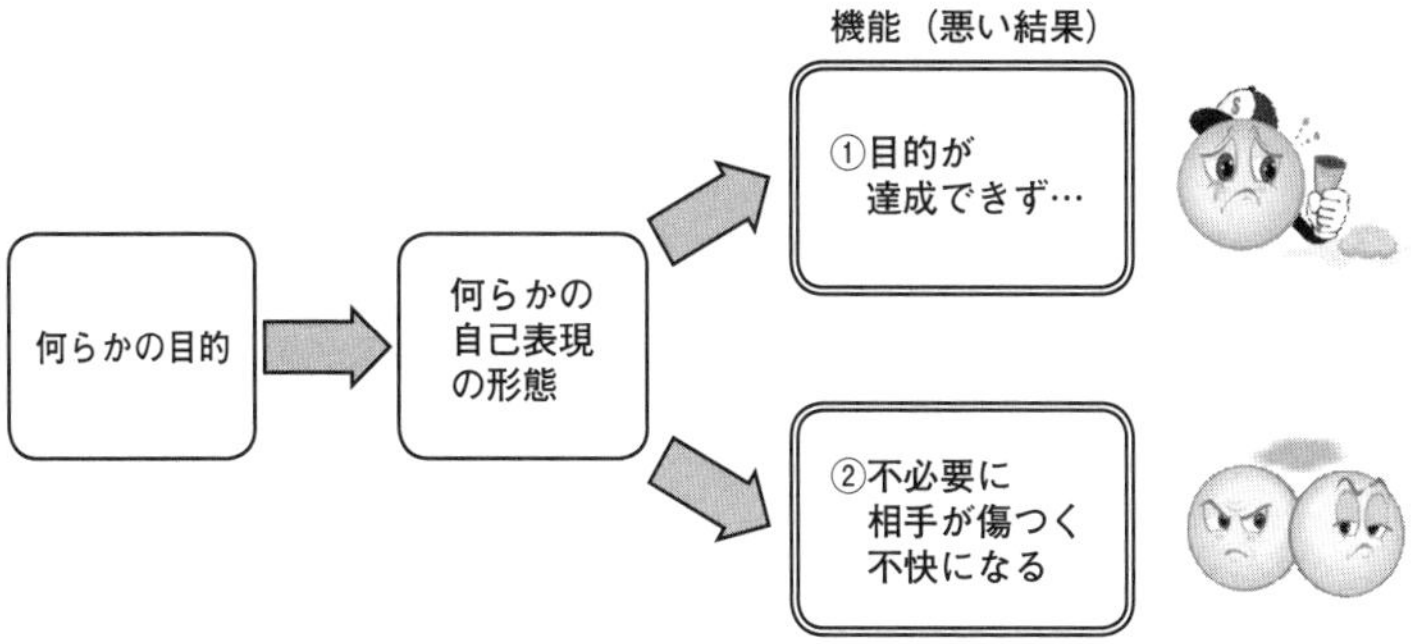

図5　非機能的アサーションとは良い結果を導かない自己表現

手を傷つけたり不快にしたりする自己表現は「非機能的アサーション」と呼ぶことができる（図5）。

①自らの立場からみた目的の達成とは、「物を貸して欲しい／返して欲しい」であったり、「誘いを断りたい」であったり、「相手の行動パターンを変えて欲しい」といった目的の効果的な達成である。例えば、「鉛筆を貸して欲しい」という目的がある際に、「鉛筆貸して。」と直接的に自己表現しても、「鉛筆持ってる？」でも、「あれ、書くものがない。困ったなー。」でも、結果的に鉛筆が手に入り目的が達成されれば自己表現の形態は何でも良いと考える（図4における「何らかの自己表現の形態」）。

②相手の立場からみた適切さとは、相手から見て自己表現が「無礼」でも丁寧過ぎて「慇懃《いんぎん》無礼《ぶれい》」でもなく「ちょうど良くて適切」と捉えられること（文献8）である。相手の立場からみた適切さについて考えるために、次の二つの自己表現の例をみてみよう。

例5　「○○貸して。」

例6　「大変申し訳ございませんが、○○をお貸し頂けないでしょうか。」

例5は、気さくな言い回しで簡潔かつ直接的に依頼の自己表現をしている。一方、例6の方は謝罪という前置きをした上で「貸して」ではなく「お貸し頂けないでしょうか」と疑問文という間接表現を用いて大変丁寧に自己表現している。例5と例6の自己表現の形態を比べると例6がより丁寧であるが、機能的アサーションが重要視するのは、形態の丁寧さではなく、相手がどう感じるかという機能（効果）の方である。実際、自己表現する人と相手が親しい間柄で、しかも筆記用具を借りるといったちょっとした内容であるならば、例6の自己表現は慇懃無礼で例5の方がちょうど良くて適切と感じられるかもしれない。また、二人がよく冗談を言い合う関係であれば、ちょっとしたユーモアとして受け取られそれはそれで適切かもしれない。一方、自己表現をする人からみて相手が目上の人物であれば、例5のような自己表現をする訳にはいかず例6の自己表現の方が適切かもしれない。こういった興味深い現象については語用論の領域（文献8・9）で扱われてきているが、ここで重要なのは同一の自己表現の形態でも状況によって、その機能が変化するという点である。

ところで、従来のアサーションにおいては、他者を思い遣るあまり自己表現できなくなってしまうことを望ましくない傾向と考えてきた。機能的アサーションの考えにおいても、相手に合わせ過ぎて自分自身の目的達成が邪魔されることを良しとはしない。つまり、機能的アサーションにおいては、目的の達成が先ずあり、その上でより適切と受け取られる自己表現を理想と考える。自らの価値観に沿って柔軟に自己表現の形態を変化させることをもって、機能的アサーションは「しなやかで芯《しん》のある自己表現」と称される（文献7・10）。

状況に合わせて自己表現の形態を変える

自己表現が適切になるように自己表現の形態を変化させるとは実際にはどんなことだろう。著者らはこのことを検討するため、アルバイト仲間のAさんに対しシフト交代を頼むといった場面において、各々の実験協力者ならどう自己表現するかを回答してもらった。この実験での工夫は、「自己表現の正当性の高い状況」と「自己表現の正当性の低い状況」という二パターンをそれぞれ想定してもらい、同一場面（アルバイトのシフト交代）における異なった状況（自己表現の正当性の高い・低い）で自己表現の仕方（形態）に違いが生じるかを検討した点である。自己表現の正当性の高い状況と低い状況はそれぞれ次のようなものである。

場面：「あなた（実験協力者）はこれまで、アルバイト仲間のAさんからシフト交代を頼まれた際、シフトを代わってあげたことが……」

（a）「……**何度もあります。**」（自己表現の正当性の高い状況）
　つまり相手に対し貸しがある状況である。

（b）「……一度もありません。」（自己表現の正当性の低い状況）

つまり、相手に対しこれまで不親切に接してきていたという状況である。

この実験の結果、自己表現の正当性が高い状況にくらべ低い状況では、実験参加者の自己表現は、より文字数と謝罪表現数（「悪いけど」など）が多く（図6・7）間接的なものであった。例えば、次のような回答が得られた。

（a）自己表現の正当性の高い状況：「用事が入ったから、この日バイト代わってくれないかな？　今度また代わるから。」

（文字数三六、謝罪表現数〇）

（b）自己表現の正当性の低い状況：「どうしても急な用事が入っちゃって、本当に申し訳ないんだけど、この日だけバイト代わってくれないかな？　代わりに〇〇さんが都合が悪い日があったら絶対代わるから。」

（文字数七七、謝罪表現数一）

自己表現の際の文字数や謝罪表現数の増加は、人が相手に配慮しながら自己表現しようと

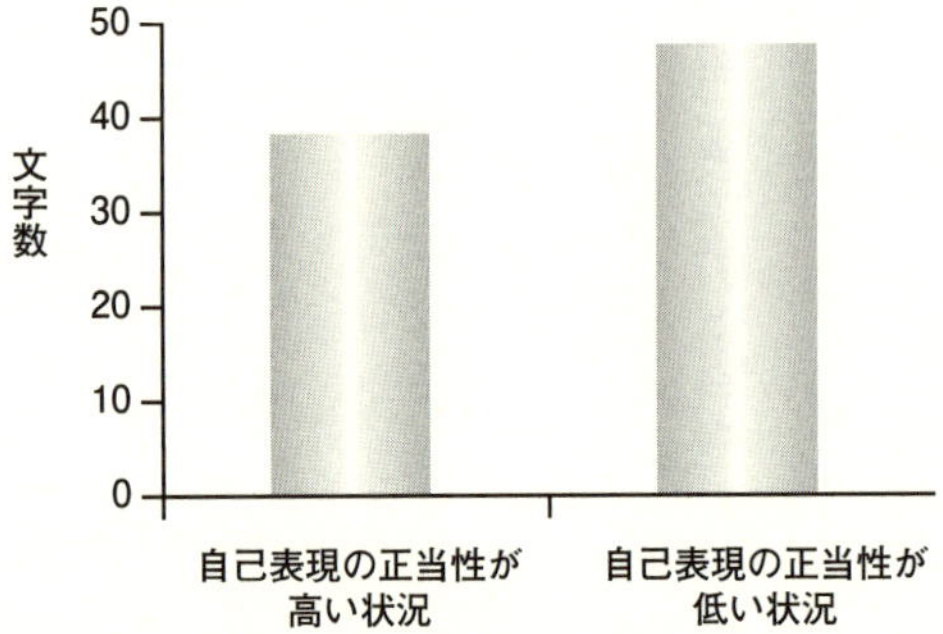

図 6　自己表現時の文字数

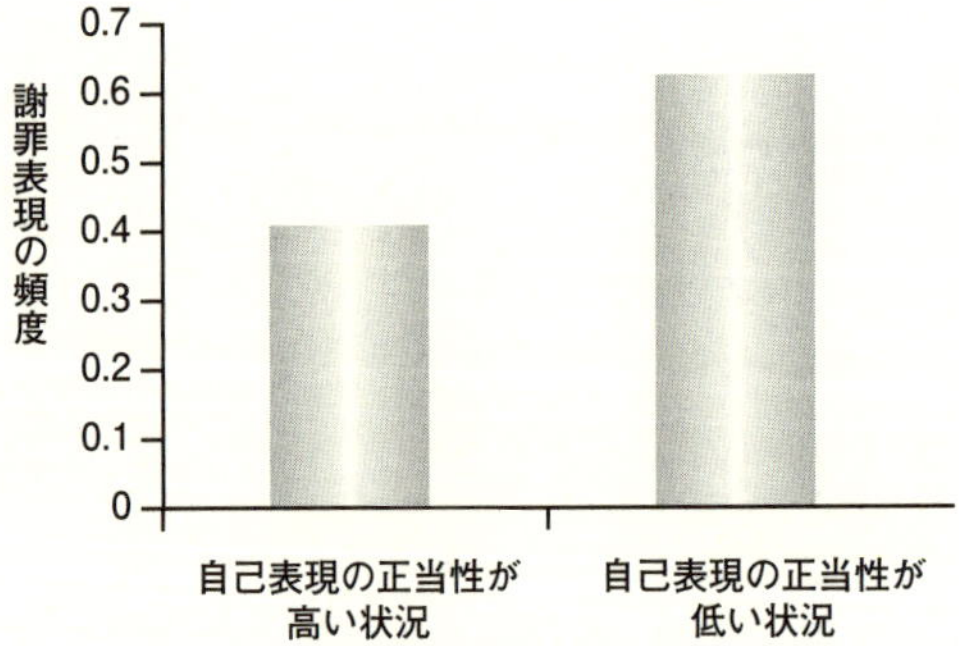

図 7　自己表現時の謝罪表現の頻度

する際にみられる傾向である（文献9）。この実験結果が意味することは、人はその場の状況（ルール）に応じて率直以外の自己表現として、間接的で配慮的な自己表現（受け身的自己表現の形態）も柔軟に使い分けているということである。

自己表現の形態を変えると相手の受け取り方（機能）も変わる

著者らは先ほどのような自己表現の形態を柔軟に変化させることの効果（機能）について調べるため二つ目の実験をおこなった。この実験では先ほどと同様のアルバイトのシフト交代といった場面において、人物モデルの自己表現について実験参加者にその適切さを評価してもらった。人物モデルの自己表現とは、研究協力者である二十代女性がビデオカメラに向かって自己表現する様子を記録した動画のことである。モデルの動画は、（a）率直な自己表現と（b）配慮的な自己表現の二種類が用意してあり、それぞれ次のような自己表現であった。

（a）**率直な自己表現の形態**：「来週用事が出来ちゃってバイト出られなくなったから代わってもらえないかな?」と、より直接的な言い回しで、非言語的には笑顔でテンポ良く自己表現する。この自己表現は従来の率直さを強調したアサーションの形態にあたる。

（b）**配慮的な自己表現の形態**：「ちょっとお願いがあるんだけど、急用ができてしまって、バイト出られなくなったんだ。申し訳ないんだけど、バイト代わってもらえないかな？ごめんね。」と、謝罪の言葉を含み回りくどく、間接的な言い回し、非言語的にはすまなそうな表情で、発言にはためらいの間《ま》を含めながら自己表現する。これは配慮的ではあるが受け身的自己表現の形態にあたる。

この実験でも前の実験と同様の「自己表現の正当性が高い状況」と「自己表現の正当性が低い状況」とを用い、実験加者にはそれぞれの状況での人物モデルの自己表現について、受け手の立場から自己表現の適切さを評定してもらった。

この実験の結果、人物モデルによる自己表現の正当性が高い状況では、率直な自己表現も配慮的な自己表現も実験参加者の受け取り方に差はみられなかったが、一方の自己表現の正当性が低い状況では、率直的な自己表現に比べて配慮的な自己表現がより「適切である」と評価された（図8）。つまり、一度も相手のためにバイトを代わってあげたことがない状況では、率直に頼むと「不適切」と受け取られる可能性があるが、間接的で配慮的に頼むならば「適切」と受け取ってもらえる（機能的である）可能性が示唆された。自己表現の形態は状況に応じて調整されるべきものなのである。

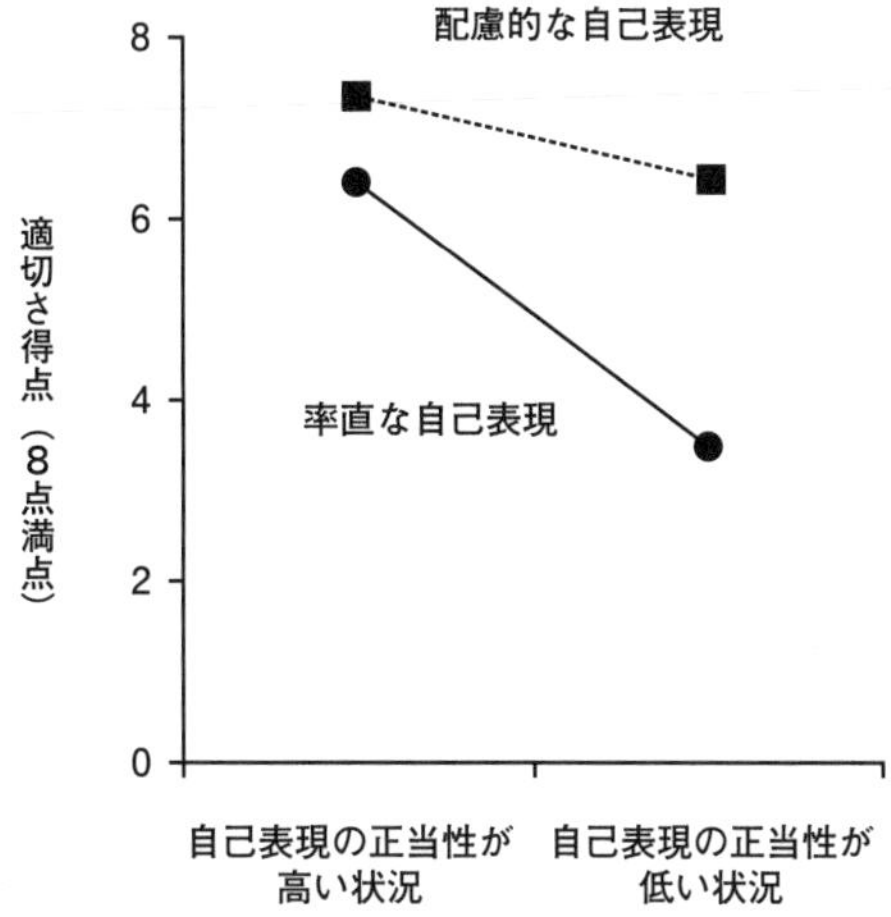

図８　人物モデルの自己表現に対する受け手からみた「適切さ」の評価

機能的アサーションのためのヒント

機能的アサーションに関わる二つの実験を紹介したが、それでは、どうすれば私たちは機能的アサーションを目指すことができるのだろうか。ここでは簡単に二つのポイントについて紹介する。

(1)自己表現のレパートリーを広げる

自己表現のレパートリーとは、自分自身が使うことのできる自己表現の形態の種類のことである。例えばある人は、自己表現のレパートリーとして「控えめに間接的に自己表現する」形態しかもっていないかもしれないが、もっと自己表現の上手な人は、「率直な自己表現」から「配慮的な自己表現」まで沢山の形態をレパートリーとしてもっているかもしれない。

著者らの実験で主に扱ったのは言語的な自己表現であるが、自己表現の形態は大きくは言語、非言語、パラ言語、環境調整に分けられる。「言語」には、言葉を使って直接的に伝えたり、間接的に伝えたりする方法がある。また「忙しいところ悪いけど～」や「ちょっと急なんだけど～」、「いつもありがとう～」などのクッション言葉を添えることで、自己表現の印象をやわらかくしたり配慮的にすることもできる。「非言語」には、表情やジェスチャーなどがある。相手に何かを止めてもらうという目的を達成するには、言葉で「止めて」というだけでなく表情も止めて欲しそうにすることが効果的だろう。嬉しそうに「止めて」と言われても相手は止めてくれないかもしれない。「パラ言語」には、話す際の間の取り方や発言のタイミングの調整などがある。重要なメッセージを伝える前には少しの間を開けると相手の注意を喚起できるだろう。また、目上の人と話す際には発言のタイミングを十分図り相手の話を遮らないことで敬意が表現できる。「環境調整」は、物を使ったり、場所を設定するなどの環境を用いた工夫である。例えば、テレビを消しておくという環境調整は、こちらからの自己表現をより重要なメッセージとして相手に対し機能させるかもしれない。プレゼンテーションなどの発表においては、視覚的な資料やグラフを用いることで相手にとっての理解を助けるだろう。

(2) 状況に合わせてレパートリーを選択する

状況とは、この章で扱った二つの実験でも用いた「自己表現の正当性」といったものや、相手との関係性や文化などが幅広く含まれる。自己表現の形態はどれも状況次第で非常に機能的であったり（図4）、反対に全く機能的でなかったりする（図5）。既に紹介した実験結果からも分かるように、人は多かれ少なかれ状況を読み取って自己表現を調整している。大抵の人は、親しい友人にはいわゆるタメ語で話し、目上の人やよく知らない相手には敬語（です・ます調）で話をするだろう。また、依頼したい内容が正当であると思う状況ではより直接的に依頼をするが、正当でないと考える状況ではより間接的に依頼をする。

状況を読み取ること、言うなれば空気を読むことは、大変に難しい作業であるが、自分と相手のことを今以上によく知ることで、私たちは少しずつ、自己表現の際に知っておくべき状況を理解できるようになっていく。機能的アサーションを目指す際には、その場の背景や相手の特徴といった状況をよく理解し、その上で自己表現の形態を柔軟に使い分けることが重要である。

洗練されたオトナの自己表現を目指して

従来のアサーションにおいて強調されてきたように時には勇気をもって率直に自己表現することが大切である。とは言え素直に主張するだけでは相手との摩擦を招いたり効果的でない（非機能的である）ことも現実には多いだろう。自分自身の芯を通しつつ相手の気持ちにも配慮するには、機能的アサーションで強調するような柔軟な自己表現が望まれる。

筆者らは、これらの研究結果を踏まえて、発達障害のある子どもをもつ保護者を対象にした機能的アサーション・トレーニング・プログラムの開発もおこなっている（文献10）。このプログラムでは、発達障害のある子どもの保護者が小学校の先生に対し、しなやかに芯をもって自己表現する方法をトレーニングする。プログラムでは、率直さという形態にこだわらず、クッション言葉や間接的で丁寧な自己表現の形態も保護者とトレーナーとが一緒になって何度も練習をおこなった。こうしたプログラムの効果を検討した結果、良好な成果が得られ（文献10）、その後もプログラムの改定をおこなっている。

機能的アサーションという理想の自己表現は、頭で理解するよりも難しいことかもしれない。それでも、自分自身の人生を生き抜くため、あきらめず相手との最適なコミュニケーションの方法を探していきたいものである。機能的アサーションは環境に応じ常に変化し進化し続ける自己表現である。

文献

1　平木典子（編）「アサーション・トレーニング」、『現代のエスプリ』、第四五〇巻、至文堂、二〇〇四年。
2　平木典子「アサーショントレーニング―さわやかな「自己表現」のために」、日本・精神技術研究所、一九九三年。
3　R・E・アルベルティ&M・エモンズ著、菅沼憲治・ミラー・ハーシャル訳『自己主張トレーニング』、東京：東京書籍、二〇〇〇年。

4 Lange, A. J., & Jakubowski, P. (1976). *Responsible assertive behaviour: Cognitive behavioral procedures for trainers.* IL: Research Press.

5 Wilson, L. K., & Gallois, C. (1998). *Assertion and its social context.* Tokyo: Pergamon Press.

6 三田村仰・松見淳子「相互作用としての機能的アサーション」、『パーソナリティ研究』、第一八巻、二〇一〇年、二二〇―二三二頁。

7 三田村仰・松見淳子「アサーション（自他を尊重する自己表現）とは何か？ ―〝さわやか〟と〝しなやか〟、2つのアサーションの共通了解を求めて―」、『構造構成主義研究』、第四巻、二〇一〇年、一五八―一八二頁。

8 宇佐美まゆみ「ディスコース・ポライトネス理論構想（5）―DP理論の展開」、『月刊言語』、第三一巻、二〇〇二年、九六―一〇一頁。

9 Brown, P., & Levinson, S. C. (1978). *Politeness: Some universals in language usage.* New York: Cambridge University Press.

10 三田村仰・松見淳子「発達障害児の保護者向け機能的アサーション・トレーニング」、『行動療法研究』、第三五巻、二〇〇九年、二五七―二六九頁。

第3章　正しいだけでは不十分!?

——流暢性を高める学習指導

野田　航

ある小学校の教室で……

放課後、二年一組の先生が算数の時間に行った計算問題（一桁同士の足し算）のテストの採点をしている。算数が得意なAさんは、いつものように百点満点だった。「やっぱりAさんはすごいな。一番速く解き終わって全部正解だからな。」と先生。一方、算数が苦手なBさんも今回はみごと百点満点だった。「Bさん、テストの時間を少し延長したけど、最後まで一生懸命がんばっていたからな。」とうれしくて自然に笑みが浮かぶ……。

その後、二桁の足し算の学習が始まり、二週間後に二桁の足し算のテストを実施した。その日の放課後、テストの採点をしてみると、Aさんはやはり百点満点だったが、Bさんはさんざんな結果だった。「一桁の足し算のテストでは二人とも百点満点だったのに、なぜBさんは二桁の足し算ができないんだろう？　計算の手順は分かっているみたいなのに……AさんとBさんの何が違うんだろう……」

「正確性」から「流暢性」へ

AさんとBさんの違いはなんだろうか？　日本の教育場面における学習の習熟度評価（テスト）では、百点満点換算による評価が圧倒的に多い。つまり、習熟度の評価基準は「完全に正しく問題が解けるか」である。この観点からすると、AさんとBさんは二人とも一桁の足し算については同水準まで習熟していることになる。しかし、日常生活における多くの場面では、時間の側面、つまり「どれくらい流暢に（素早く、スムーズに）できるか」も習熟度の評価基準になることが多い。例えば、バスケットボールなどのスポーツでは、いかに速く走れるか、正確かつ素早いパスやシュートができるか、などが重要である。また、ピアノやバイオリンなどの楽器演奏の場合も、リズムやテンポに合わせて演奏するには、指や体を正確かつ流暢に（スムーズに）動かすことが必要となる。つまり、正確にできるだけでなく正確かつ素早くできること（流暢性）が重要であり、この流暢性がエキスパート（熟達者）とアマチュア（初学者）を分ける部分であるともいえる。このように習熟度の評価基準に時間の側面、つまり流暢性を用いることは、行動分析学のアプローチから研究されており、読み・書き・計算など学業のスキル（技術・技能）の学習においても同様に重要であることが明らかにされている（文献1）。

行動分析学とは、ヒトや動物がなぜその行動をするのか（しないのか）という問いに対して、環境条件の中に原因を求め、環境条件を変化させることで行動を変えていこうとするアプローチである。行動分析学では、行動は原理や法則に基づいて起こる（行動には理由がある）と考え、行動の結果好ましい環境変化が起きる場合にはその行動は増え、行動の結果好ましくない環境変化が起きる場合はその行動が減るというような行動原理を発見し、その行動原理を応用して行動問題の解決を図る。このようなアプローチを学校の教室場面に導入した研究や実践の中で、学業スキルは単に正確にできるだけでは不十分であり、正確かつ素早く（流暢に）できることの重要性が明らかとなってきた（文献2）。

冒頭のAさんとBさんの例においても、流暢性がキーポイントとなっている。担任の先生は、AさんもBさんも一桁同士の足し算のテストでは百点満点なのに、二桁の足し算ではAさんは百点満点でBさんはさんざんだったことに悩んでいる。実は、この違いをもたらしている要因については、先生

はすでに言及している。それは、「一桁同士の計算問題を解く速さ（流暢性）」である。Aさんについては「……一番速く解き終わって……」と正確かつ素早く（流暢に）問題を解けており、Bさんについては「テストの時間を少し延長したけど……」と正確ではあるが非常に時間がかかっていることに気づいているが、二人の流暢性の違いの重要さには気づいていないようだ。

様々な学習の基本となる基礎的な学業スキル（要素スキル）の流暢性が、それを組み合わせた複雑で高度な学業スキル（複合スキル）の学習において重要な役割を果たすことがこれまでの研究で明らかになっている。個々の要素スキルが流暢になっていないと、それぞれの要素スキルの負荷が高く、意識的に実行する必要があり、思考の流れやスキル実行の流れが阻害されてしまう。しかし、要素スキルが流暢であれば、要素スキルをほぼ自動的に実行できるため思考の流れが阻害されにくく、要素スキルを「組み合わせること」の学習（複合スキルの学習）が促進されると言われている。日常生活において、「基礎ができないと応用はできない」とはよく言われるが、もう少し厳密に言うと「基礎が流暢にできないと、応用はできない」のである。学校現場では、冒頭の先生のように学業スキルの流暢性に全く目を向けていないわけではないが、流暢性を系統的に評価して向上させようという取り組みは一部（百マス計算、文献3）を除きあまり行われていない。筆者は、この学業スキルの流暢性を向上させることが学習問題の解決に有効であると考え研究を行ってきた。

流暢性を高めるための指導法

正確性だけでなく流暢性も高める指導（流暢性指導）では、目標となるスキルを獲得し、パフォーマンス（成果・成績）を発揮するために、その目標となるスキルを直接何度も反復練習するということはしない。代わりに、目標とするスキルを構成する個々の要素を明らかにし、その個々の要素（要素スキル）が正確かつ素早く実行できるようになるまで指導や練習を行う。例えばバスケットボール選手は、ただひたすら試合ばかりしているわけではなく、シュートやパスの練習、ディフェンスの動き方の確認など、試合で勝つために必要な具体的な要素スキルを正確かつ素早く実行できるように、最初は一つ一つ個別に、後にそれぞれを組み合わせて何度も練習を行っている。学業スキルの指導においても同様のアプローチが有効である。例えば、二桁の筆算の計算問題が苦手だ（正確に解けない、あるいは正確だが時間がかかる）からといって、その問題ばかりを練習していては、学習効率が悪く、達成感を得ることができないまま嫌になってしまう可能性がある。そこで、二桁の筆算の計算問題を解くために必要な要素スキル（一桁の計算スキル、桁数を同定するスキルなど）を同定し、それらの要素スキルを正確かつ素早くできるようになるまで練習する。そうすることで、達成感を得ながら要素スキルの流暢性を向上させることができ、要素スキルを組み合わせた複合スキル（この場合は二桁の計算スキル）の学習を促進するのである。

ここで誤解のないように確認しておきたいことがある。それは、流暢性は「単に素早く」できることではなく、「正確かつ素早い」という意味で用いていることである。流暢性において素早くスムーズにできることは非常に重要な要素であるが、それが正確性に欠けていると元も子もないだろう。流暢性は、学業スキルがある程度正確にできるようになって初めて取り組むべき学習の段階であり、指導の階層性という枠組みで研究されている（文献4）。指導の階層性では、様々なスキルの学習は、正しく行動ができるようになる獲得段階から、正しくかつ素早くできるようになる流暢性段階へと学習が段階的に進んでいき、その後スキルが維持される段階や獲得した学業スキルを組み合わせて応用する段階へと進むとされる。この考え方に基づき、様々な学業スキルの基本となるスキル（要素スキル）を正確かつ流暢になるまで指導することで学習問題が改善されることが多数報告されている。

学業スキルの流暢性の重要さを示す研究

先ほど述べたように、流暢性とはスキルが単に正確にできるだけでなく、正確かつ素早くできるという二つの要素を含むものとして用いられる。学習指導場面においては、「制限時間内に何問正答できたか」を用いて学業スキルの流暢性を測定することが多く、制限時間としては

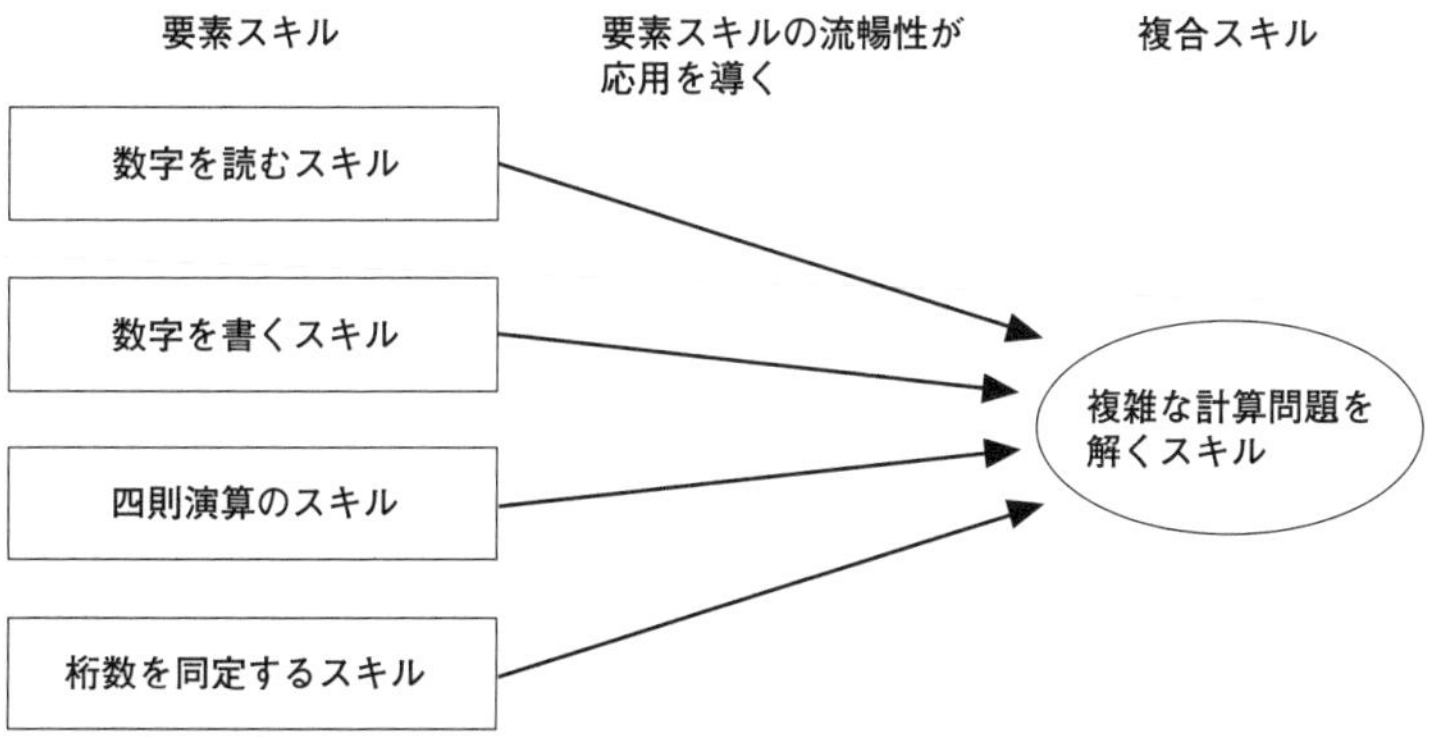

図１　要素スキルの流暢性が複合スキルの学習を導く（文献５の図を改変）

一分間が多く用いられる。このような方法で流暢性を測定し、向上させる実践活動の中で、様々な学力の基本となる読み・書き・計算などの学業スキル（要素スキル）が流暢になることで、その要素スキルを含む複雑な学業スキル（複合スキル）の学習が促進されることが明らかになっている。例えば、二桁や三桁の複雑な計算問題を解くスキルを複合スキルとすると、その要素となるスキルとしては、数字を読むスキル、数字を書くスキル、一桁の四則演算のスキル、桁数を同定するスキル等が挙げられる（文献5の図）。これらの要素スキルのうち、一つないしはいくつかのスキルが流暢でない場合には複合スキルの学習が妨げられるとされている。このような考えに基づいて、欧米では多くの指導研究が行われている。

ある研究では、一桁の掛け算スキルの流暢性が、二桁の掛け算スキルの学習を促進した事例が紹介されている（文献6）。この事例では、一桁の掛け算スキルの流暢性が一分間で七〇であった状態で二桁の掛け算スキルの指導を始めると学習が進まなかった。そこで、一桁の掛け算スキルの流暢性を一分間で一〇〇まで向上させるための指導を行うと、二桁の掛け算スキルの学習が進み一分間で五〇まで向上した。このように、様々な要素スキルが含まれる複合スキルの学習を促進するためには、複合スキルを直接指導するという方法の他に、複合スキルに含まれる要素スキルの流暢性を向上させる方法が効果的であることが多くの研究で示されている。

また、一桁同士の計算スキルの流暢性が、算数学力と関連していることも筆者の研究から明らかとなっている。筆者は、小学校一年生から六年生までの一桁の計算スキル（+、−、×、÷）の一分間テストのデータを収集し、同時に算数学力検査（文献7）も実施して、それらの関連性を検討した。図2は一桁の掛け算スキルの正確性（正答率）と算数学力得点との散布図で、図3は一桁の掛け算スキルの流暢性（正答数）と算数学力得点との散布図である。これらの図より、流暢性が高い子どもほど算数学力得点が高く、流暢性が低い子どもほど算数学力得点が低いこと、正確性（正答率）に関してはそのような関連は見られないことが分かる。つまり、学業スキルの正確性（正答率）だけでは算数学力を向上させるには不十分であり、流暢性を向上させることで、算数学力を向上させることができる可能性が示された。以上のような筆者の研究や先行研究から、様々な学力の基本となる学業スキル（要素スキル）の流暢性を向上

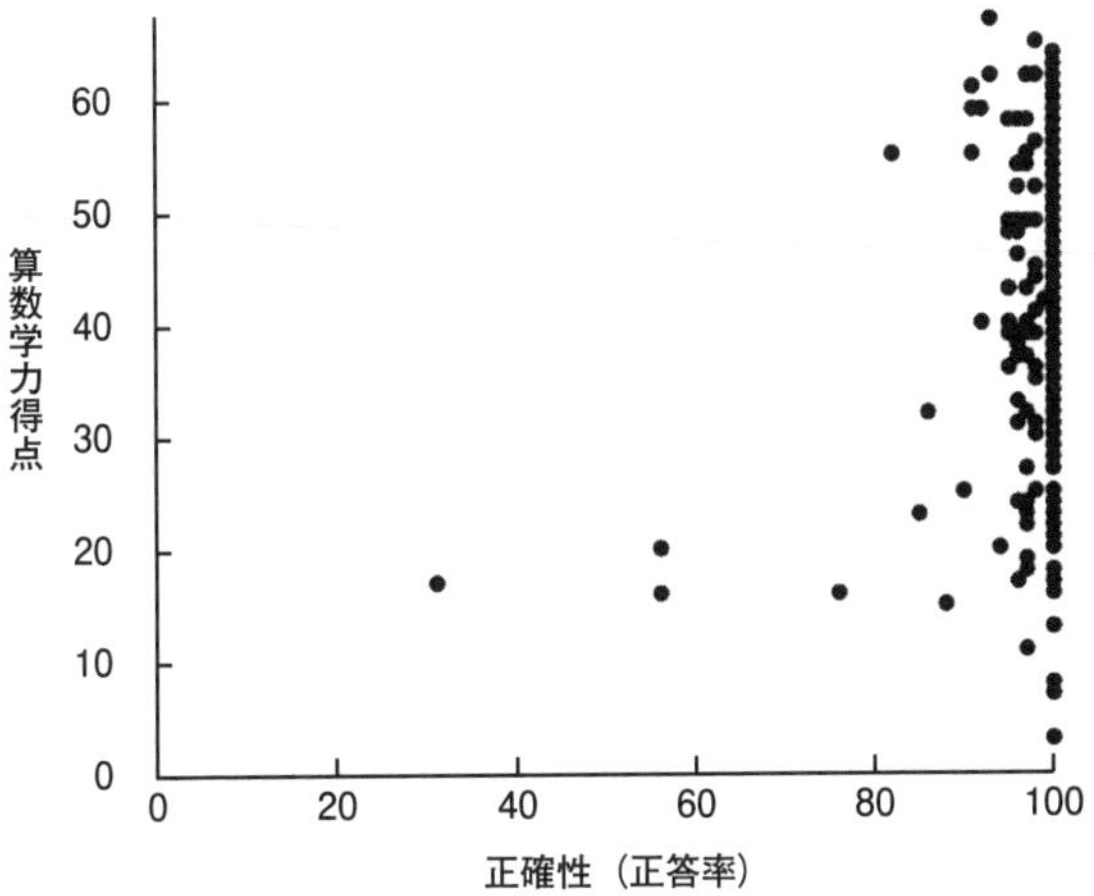

図2　一分間テスト(一桁の掛け算スキル)における正確性(正答率)と算数学力の散布図

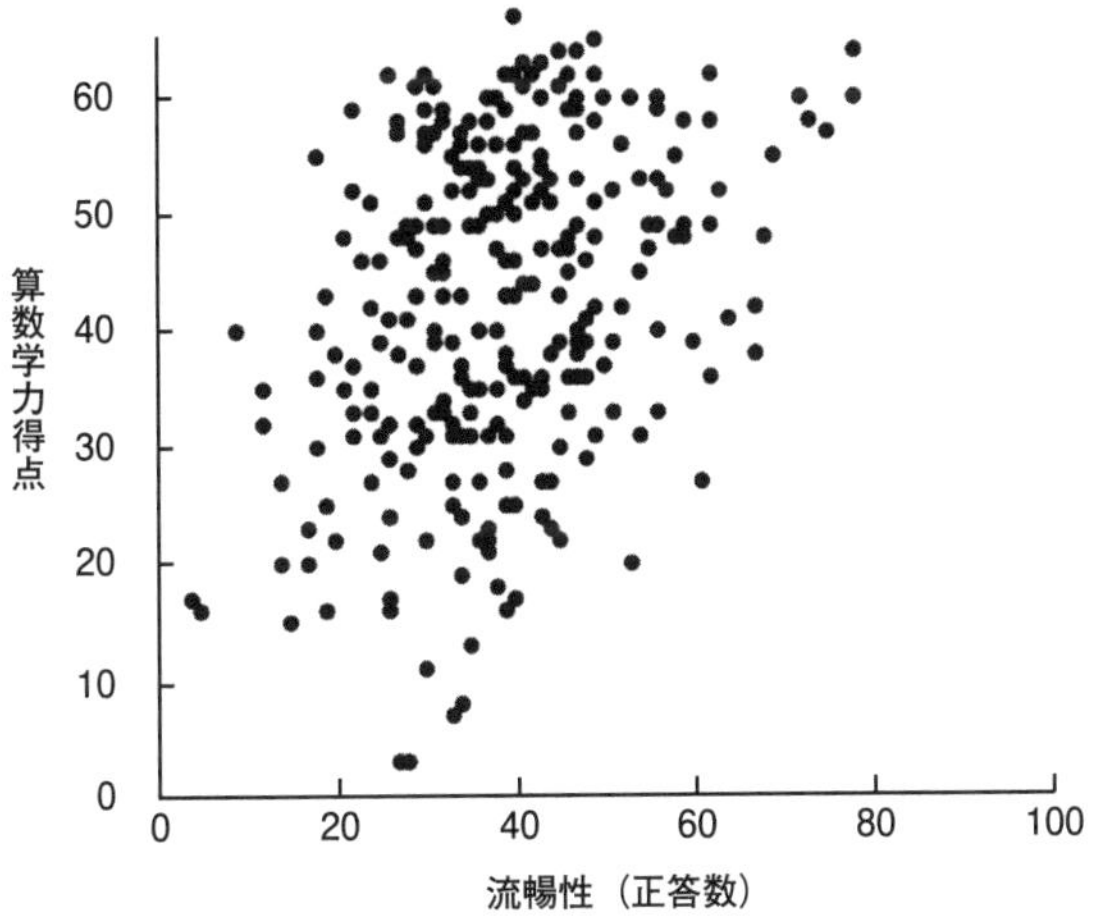

図3　一分間テスト(一桁の掛け算スキル)における流暢性(正答数)と算数学力の散布図

させることの重要性が示された。そこで筆者は、一桁の計算スキルに焦点をあて、その流暢性を向上させるための指導法に関する研究を実施した。ここでは、二年生を対象に実施した掛け算スキルの正確性と流暢性を向上させるための学級単位の取り組みについて紹介する（文献8）。

掛け算スキルに対する学級単位の段階的指導

この研究には、二年生一組と二組の子ども五十九名および学級担任、算数専科の教員が参加した。この取り組みでは、掛け算の学習指導を三段階に分けて実施した。第一段階では、算数専科の教員が授業準備と進行、学級担任が補助としてチームティーチング形式で通常通りの授業を行った。筆者は、その授業において学習した掛け算の一分間テスト（流暢性を測定するため）の教材作成とデータ分析を担当し、通常の授業カリキュラムに流暢性のアセスメントと指導を組み入れた。その結果を基に十分に掛け算が習得できていない（正確に掛け算が解けない、あるいは流暢に掛け算が解けない）子どもには第二段階の指導を実施した。

第二段階の指導では、第一段階の指導（通常の授業）で掛け算を習得できなかった十七名の子どもを対象に、算数の授業の最後十分程度を用いた別室指導を実施した。この指導では、掛け算カードを用いた自主学習と一分間テストを用いた流暢性の指導を行った。その結果、掛け算を習得できていない子どもが十七名から六名まで減少した（図4）。

第二段階の指導でも十分に掛け算が習得できなかった子ども六名のうち、保護者の同意を得ることができた五名が第三段階の指導（放課後個別指導）に参加した。

第三段階の指導では、放課後二十分程度を用いて、掛け算スキルの正確性と流暢性を向上させるための指導を実施した。掛け算スキルの指導には、3C学習法（文献9）による指導と一分間テストによる指導を実施した。3C学習法はモデリング（お手本を見る）と即時フィードバック（解答後すぐに結果を確認する）を組み合わせた自主学習形式の学習法であり、最初に問題と内容を見てから隠し（Cover）、隠した状態で解答を書き（Copy）、再び隠した解答を見て比較する（Compare）。モデリングによって、ほとんど間違えることなく正答でき、即座にフィードバックを得ることで正しく解答する行動（スキル）を増加させることができる。3C学習法によって、掛け算スキルの正確性を向上させ、一分間テストによる練習によって流暢性（正確に速く解く）を向上させる学習を行ったところ、個人差はあるが全ての子どもの掛け算スキルの正確性（正答率）と流暢性（正答数）が向上した（図5に第三段階の指導に参加したCさんの結果を示す）。

以上示してきたように、筆者の研究から学業スキルの流暢性の重要性が明らかとなり、学業スキルの流暢性を向上させるための指導法の効果を実証的に検討することができた。特に、学

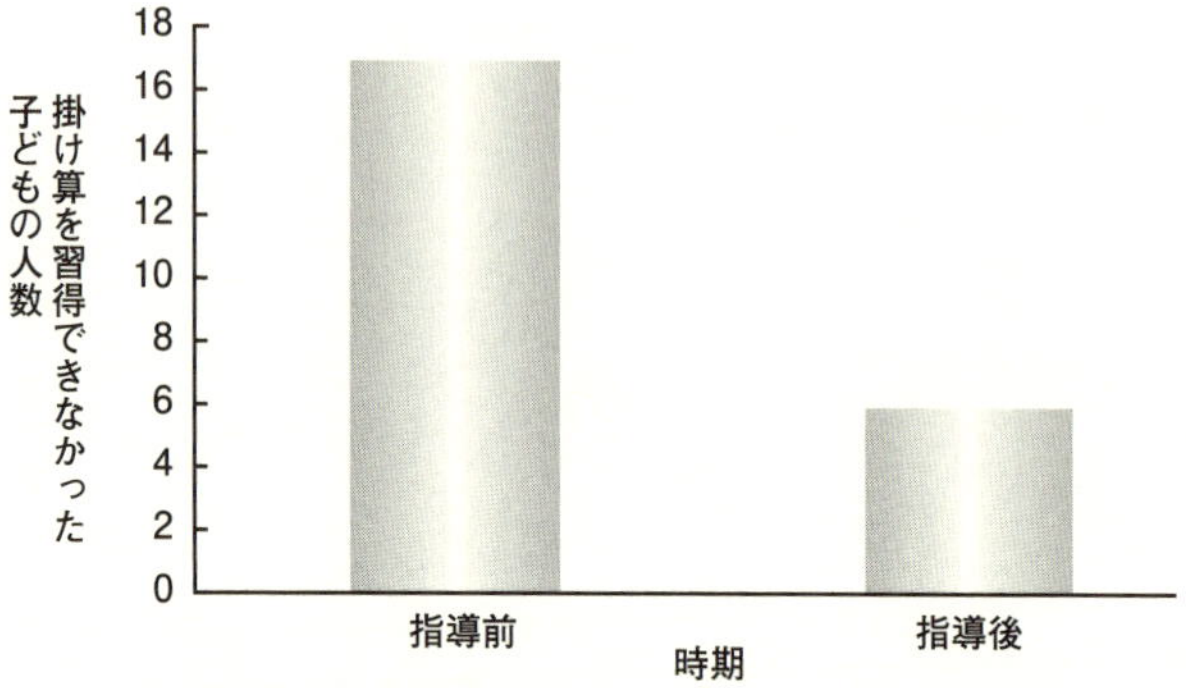

図 4　第二段階の指導前後における掛け算を習得できなかった子どもの人数

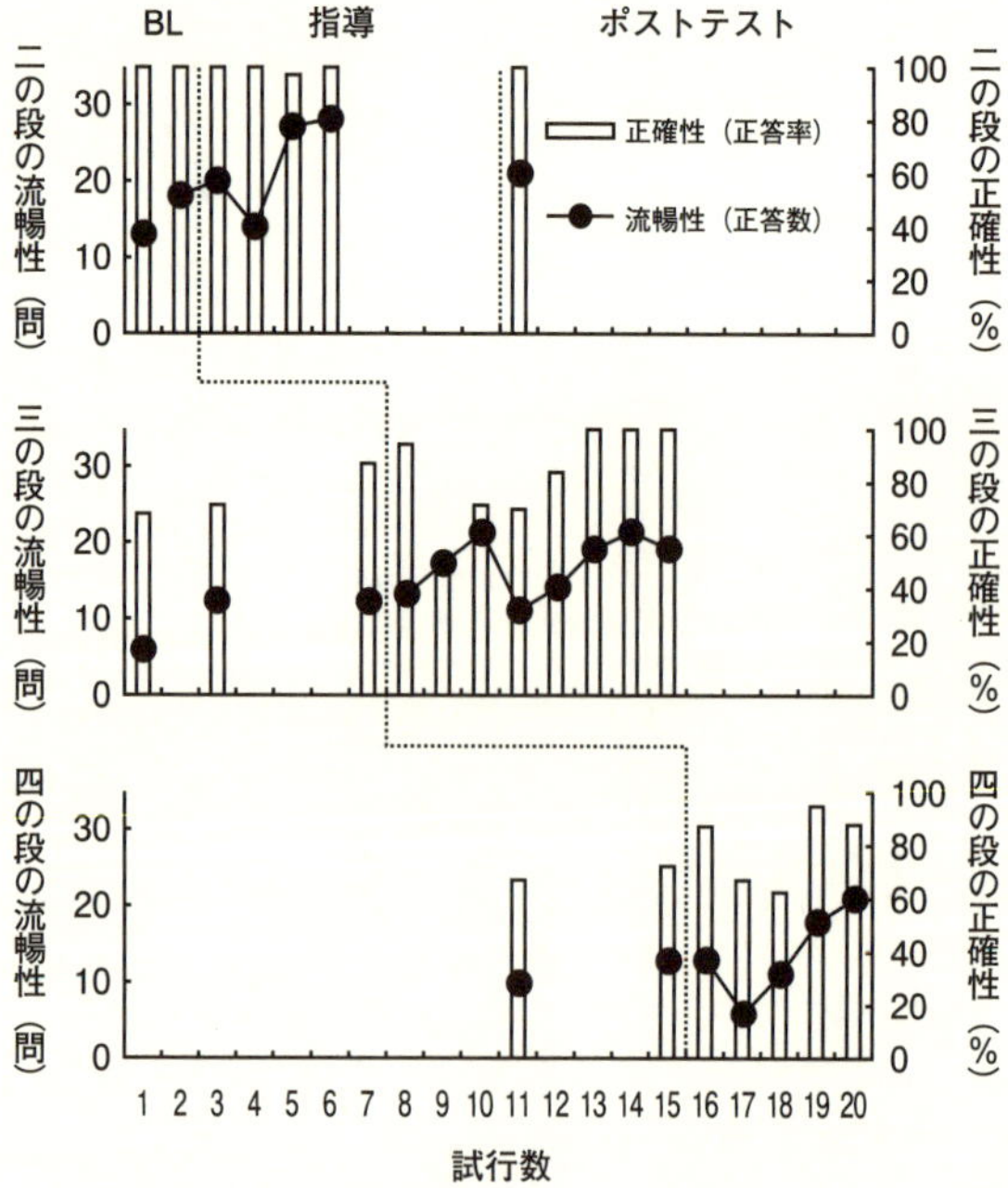

図 5　C さんの第三段階の指導による掛け算スキルの正確性と流暢性の変化

校場面で実施可能な流暢性のアセスメント法および指導法を明らかにすることができた。学業スキルの流暢性を向上させることで、学校で勉強が難しくて困っている子ども、特に冒頭のBさんのように基礎的なことができないわけではないが時間がかかってしまう（流暢性が低い）子どもの学習問題を支援していくことができると考えられる。学業スキルの流暢性を測定し、それを向上させるための指導は、学校場面においても無理なく実行することができる有効なアプローチである。

ある学校の教室で……（その後）

冒頭の日から一週間後、二年一組の先生は、小学校で偶然行われた専門家による巡回相談において流暢性の重要性とその指導法についての話を聞くことができた。話を聞いた先生は早速、授業の最初五分間を使って正確にできる計算スキルの一分間テストを行い、正確性に加えて流暢性を向上させる取り組みを始めた。Aさんは、もともと計算は速かったが、反復練習をすることでさらに速くなることに気づき、喜んで取り組んでいる。Bさんも、最初はあまりたくさん解けなかったが、確実に解くことができる問題なので喜んで取り組み、少しずつだが着実に流暢性も向上していた。

新たな週が始まり、今日も算数の授業の始めにはBさんを含め子ども達の大きな声が響く。

文献

1 Binder, C. (1996). Behavioral fluency: Evolution of a new paradigm. *The Behavior Analyst, 19*, 163-197.

2 Haughton, E. C. (1972). Aims: Growing and sharing. In J. B. Jordan & L. S. Robbins (Eds.), *Let's try doing something else kind of thing* (pp. 20-39). Arlington, VA: Council for Exceptional Children.

3 陰山英男『陰山メソッド：徹底反復百マス計算』、東京：小学館、二〇〇二年。

4 Haring, N. G., & Eaton, M. D. (1978). Systematic instructional technology: An instructional hierarchy. In N. G. Haring, T. C.Lovitt, M. D. Eaton, & C. L. Hansen (Eds.), *The fourth R: Research in the classroom* (pp. 23-40). Columbus, OH: Merrill.

5 Kubina, R. M., & Wolfe, P. (2000). Potential applications of behavioral fluency for students with autism. *Exceptionality, 13 (1)*, 35-44.

6 Johnson, K. R., & Layng, T. V. J. (1992). Breaking the structurist barrier: Literacy and numeracy with fluency. *American Psychologist, 47*, 1475-1490.

7　辰野千壽・石田恒好・服部環・盛山隆雄・田中博史・中田寿幸・夏坂哲志・細水保宏・山本良和『教研式標準学力検査ＮＲＴ』、東京：図書文化社、二〇〇九年。

8　Noda, W., & Tanaka-Matsumi, J. (2010). *Application of three-tiered instruction model for Japanese 2nd grade students to improve multiplication fact performance.* Poster presented at the 36th Annual Convention of the Association for Behavior Analysis International, San Antonio, USA.

9　Skinner, C. H., Turco, T. L., Beatty, K. L., & Rasavage, C. (1989). Cover, copy, compare: An intervention for increasing multiplication performance. *School Psychology Review, 18,* 212–220.

第4章　子どもの機能性視聴覚障害について

前田志壽代

「機能性視聴覚障害」という言葉をご存じだろうか。聞いたことも見たこともないという人が多いだろう。それは子どもにもみられるという。では「心因性視覚障害」「心因性難聴」という言葉ではどうであろうか。平成十二年に日本学校保健会から出された冊子（文献1）には「近年、眼科領域で、眼科的に全く異常がないのに、視力が充分に出ない心因性視力障害をはじめとして、心因性色覚障害、視野障害などが注目されています。」「心理的ストレスが原因で、視覚が障害されている状態を言います。」とある。また平成十三年の同会からの冊子（文献2）で、「近年、子どもの心の問題が大きな社会問題となっています。耳鼻咽喉科領域においても心因性難聴をはじめとして心因性疾患が注目されてきています。」「定期健康診断の聴力検査で難聴が疑われ、精密検査ため病院や診療所を受診する子どものなかには、本人も家族も難聴に気づいておらず、診察のときも会話は普通にできて、とても難聴とは思われない状態ですが、精密検査をした結果は中等度の難聴を示すことがあります。」とある。

目や耳についての問題が……ストレスが原因……心の問題……。どういうことなのであろうか。もう少し順を追って述べていくことにしよう。

子どもの心とからだの関係について

筆者は長く児童精神科で、心理臨床に携わってきた。子どもたちは実に様々なやりかたで、身近なおとなたちにメッセージを伝えようとする。話すこと、字を書くことや描いた絵、行動も大いに役に立つ。中には自分の体で何かを表現しようとする子どもたちがいる。たくさんの要因が絡み合う社会状況の中で、身体症状で何かを訴えようとする子どもたちの存在は無視することができない。子どもは発達の途中にあり、おとなにくらべて心身はもっと未分化で、ストレスの影響を受けやすく、本当にさまざまな身体での表現をする。いいかえればこれらの柔軟性があるからこそ回復もしやすいともいえる。

このような「身体化」による表現にはさまざまな形がある。視覚系や聴覚系の症状を表す子どもたちがいて、機能性視聴覚障害と呼ばれるというわけである。これらの視覚障害の子どもたちの全国調査はないが、聴覚障害の子どもたちは小学生では一万人に八人ぐらい、中学生では一万人に五人ぐらいいるといわれている（文献２）。

機能性視聴覚障とは?

特に目や耳に異常がないのに、見えにくい、聞こえにくいなどの状態が機能性視聴覚障害（心因性視覚障害・心因性難聴）であるが、その他に視覚・聴覚そのものに問題がないという意味で、非器質性視聴覚障害という呼び方もされる。機能性視聴覚障害、心因性視聴覚障害、非器質的視聴覚障害の関係は図１になる。

古くは十六世紀にはもう認められるが、視覚障害が聴覚障害とともに注目され始めたのは第一次大戦や第二次大戦のときに、将兵と市民の間に多く見つかったためであるといわれている（文献３・４）。子どもについて問題とされはじめたのは、一九五〇年以後だとされており（文献５）、国内でも一九八〇年代には研究報告が次々とみられた。具体的な臨床像は、視覚的には急激な視力低下、眼痛、目のかすみ、視野狭窄などで（文献６）、聴覚的には急激な聴力低下、耳痛、耳鳴りなどが訴えられることが多い（文献７）。これらの子どもたちは、自分から症状を訴えることが少なく、学校検診で視覚あるいは聴覚の異常を指摘される場合が多いこ

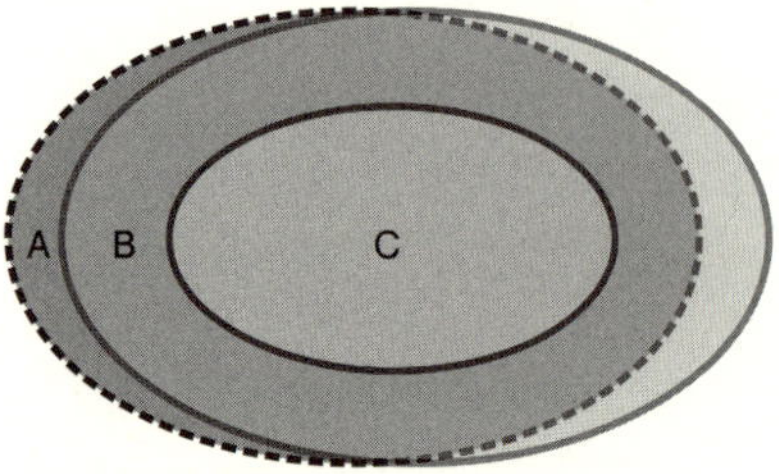

A：非器質性視聴覚障害
（Lin & Staecker，2006）
解剖学的および、もしくは生理学的異常性によって説明されない視聴覚障害

B：機能性視聴覚障害
（渡辺ほか，1988）
構造上あるいは器質的な障害がなく、心因以外の要因を含んだ視聴覚障害

C：心因性視聴覚障害
（八子ほか，1998; 矢野・久保，2005）
心因による視聴覚障害

図1　概念の図解

と、八～十四歳に多くみられ、女子に多く、心因が明らかでない場合や視覚と聴覚の両方を訴える場合（重複障害）もある。多くの子どもたちは、適切な対応で一過性に良くなるが、中には重い状態像に進むため、早期対応が重要で、様々な病的状態を示すといわれている。だから場合によっては眼科や耳鼻科だけでなく児童精神科との連携が必要になることもある（文献3・4・6・7・8）。

筆者らは以前にこれらの子どもたちの特徴を検討して、対人関係の持ち方から三つのタイプに分類することができた（文献9）。その心理学的適応タイプ分類は過適応タイプ・前適応タイプ・不適応タイプであった。過適応タイプは「緊張しやすく外的な刺激に対して過敏だが、率直な自己表現がしにくく自分を抑えがちで、何事もがんばって現実対応をしようとする『よい子』の特徴を持つ」グループ、前適応タイプは「自発性はみられるが統制が不十分で、ものごとのとらえ方も表面的で、年齢にしては社会性の発達が未熟といえる」グループ、不適応タイプは「ものごとのとらえ方が思いつきのままに主観的になりがちで、自分から対人関係を持ちにくく、トラブルが多いなど不適応が目立つ」グループである。

また視覚障害群・聴覚障害群・重複障害群計三〇例の比較から、視覚障害・聴覚障害に共通するいくつかの特徴を見出した。①女子が多く発症平均年齢は八～九歳であること、②眼科および耳鼻科検査結果で、単独障害と重複障害の間に大差がないこと、③身体症状が半数例に存在し、頭痛や腹痛が多いこと、④検診でみつかった症例が自分から訴える症例より多いこと、⑤発症から初診までの時間がずれて遅くなること、⑥家庭生活の問題点が窺われるが、明確な発症要因（心因）がはっきりせず、学校生活での顕著な不適応も認められない場合が多いこと、⑦知的には普通範囲であり、受動性が強く要求水準が高い症例が多く、常識的適応行動は可能であること。⑧症状経過や結果にばらつきがあり、重症度がいろいろであった。また心理学的適応タイプ分類法が共通に適用できることも分かった。そして重複障害では①他の身体症状の訴えが多いこと、②改善までの期間が長いこと、③不適応タイプが多いことが単独群と異なっていた。つまり視覚・聴覚両器官の重複障害では、単独群に比べて重い心理的問題が潜んでいる可能性があり、治療の上で注意を要すると考えられた。

これらのことから、筆者らは視覚・聴覚器官の別でなく、ひとつの視聴覚障害としてまとめて考えることが大切で、障害器官にとらわれないで、患者の心理的背景に着目することが重要だと考えた。また、明確な心因がわからない症例が多いことから、障害の呼び方としては、「心因性」視聴覚障害でなく「機能性」視聴覚障害とすることが望ましく、心理学的適応タイプ分類法は、心理的問題へのアプローチに役立つ可能性があると考えた。つまり「機能性視聴覚障害」は筆者らが一九八〇年代半ばから用いはじめた呼び方である。

その治療的アプローチについて

子どもの機能性視聴覚障害の治療については、眼科・耳鼻科、精神科や心理学的関わりにそれぞれの試みがされている。眼科ではだっこ点眼や面接・暗示療法・簡易精神療法が挙げられているが、最近では子どもと親に対してカウンセリングを用いたＳＡＴ自己イメージスクリプト変更法を実施するところもある。

耳鼻科では外耳道閉塞法などの治療法も試みられたが、専門家による心理的治療を重要視し、耳関連疾患の有無を明らかにすることが重要だとする報告がみられる。児童精神科領域においては、いわゆる心理療法を適用するもの、暗示を用いるもの、童話を介するもの、箱庭療法、描画療法、遊戯療法、面接や精神療法など個別療法が一般的であるが、集団療法を勧めるものもみられる（文献10）。

筆者らは過去に、一三三例の患者の児童精神科の治療的アプローチについて検討を行った（文献10）。それらの子どもたちの性別は男子三四例、女子九九例と女子が多く、年齢八～十歳が七一例であり、知的水準は低い症例もあるが平均以上の症例が多かった。治療方針の決定には、心理学的検査結果や心理学的適応タイプ、家族状況などをもとにして、子どもの精神医学的治療の必要度を決定した。具体的基準は以下のとおりである。

子ども自身の能力や性格および家族・環境の問題が大きく、主訴以外の脱毛・不登校などの合併症状が重く、対人関係の持ち方で不適応が目立つなどの場合を重度とし、個別療法を選択した。対人関係の持ち方が自分を抑えがちな「良い子」の場合、そして社会性の発達が未熟で、保護者の子どもへの接し方に少し問題は認められるが、大きな問題が見出されない場合を中度とし、集団療法を選んだ。また機能性視覚障害や機能性聴覚障害があるが、子どもや家族に対する精神医学的治療の必要度が軽度であると判断された子どもの場合には、継続した精神医学的治療よりも保護者への子どもに対する対応のアドバイスを行うだけでよいと考えて、視覚・聴覚の再検査による経過観察をすることにした。

治療内容の概要は次の通りである。

①個別療法：一～二週間間隔で、遊戯療法、絵画療法、箱庭療法などの治療的アプローチを実

施した。これらは児童精神科で実施される通常のもので、子どもが感情をありのままに表現できるように受容して、内的葛藤を解決できるように援助し、心理的な安定と成熟をはかるものである。また特異的学習能力障害（specific learning disabilities）による視聴覚認知の問題が認められる子どもには、必要に応じて視覚あるいは聴覚認知のトレーニングなどを実施した。

②集団療法：集団遊戯療法を週一回一時間、大体四～六人の子どもに対し、治療スタッフ二人が担当して実施した。これは基本的には非指示的な方針で、全体に自由さがある集団といえたが、（a）初回参加したときに必ず全員の自己紹介を行うこと、（b）その回の間に一人一人が希望を出し合って一つの遊びを決め、それを全員参加で行うこと、（c）終結時には、その本人が他の参加者に終結宣言を行うことなどを原則とした。これは対人関係の持ち方が「良い子」の場合には自己主張することを、社会性発達未熟の子どもには集団の枠組にうまく沿うようにすることを目的としたものである。

子どもに対しては、「遊びグループ」である側面を説明して集団療法への参加を促すようにした。個別・集団療法ともに子どもの参加の間に、保護者に対して個別面接を行い、この治療法の意味を説明し、子どもの症状改善だけを目指すのでなく、集団内の対人関係の修正をすることが大切であるという方針を伝えた。また治療参加後に家庭や学校で予想される子どもの変化を受け入れるように話した。

表1　障害別の治療形態と経過

		視覚障害（例数）	聴覚障害（例数）	重複障害（例数）	計（例数）	合計（例数）
個人療法	終結	2	6	1	9（47）	19（14）
	継続中	1	3	0	4（21）	
	中断	3	2	1	6（32）	
集団療法	終結	1	20	11	32（32）	99（74）
	継続中	3	3	2	8（8）	
	中断	5	7	5	17（17）	
	不参加	11	28	3	42（42）	
経過観察		1	6	1	8（100）	8（6）
その他		4	3	0	7（100）	7（5）
合　計		31	78	24	133（100）	133（100）

治療形態と治療経過の内訳は表1の通りである。個別療法例の一九例では、終結例は九例、中断例は六例、継続中のものが四例であった。集団療法に参加した子どもでは、終結例は三二例、中断例は一七例、継続中のものが八例であった。また、集団療法に参加を促したが、保護者や子どもの治療意欲が乏しく、治療開始できなかったものは四二例であった。経過観察をすることにした八例は、全例が初診後二～八カ月後の間に視覚・聴覚検査で改善がみられた。

治療終結例の参加期間は個別療法で六～四六カ月（平均二〇・一カ月）、集団療法で二～三〇カ月（平均九・九カ月）であった。集団療法平均参加期間（約一〇カ月）を基準にすると、参加期間一〇カ月未満で終結に至ったのは、集団療法例では三二例中一八例（五六％）、個別療法例では九例中三例

（三三％）であり、個別療法例のほうが終結までに要する期間が長いものが多かった。また重複障害例は、集団療法参加期間が一〇カ月を越えるものが一一例中八例（七三％）で、聴覚障害例の二〇例中五例（二五％）より多く、長期化する傾向があった。

治療結果は、不参加であった症例を除くと、個別療法では一九例中九例（四七％）、集団療法では治療参加した五七例中三二例（五六％）が終結していた。これらの症例では、視覚・聴覚検査結果やその他の臨床像の改善があり、治療的アプローチの効果があったと考えてよいであろう。しかし不参加四二例や中断一七例の存在は、再検討する必要があるといえる。

では機能性視聴覚障害の病因は？

症状が出現する背景には、さまざまな要因があると考えられる（文献3・4）が、以下のように整理することが可能である。

⑴**心因となるもの**には、学校でのトラブル、家庭でのトラブル、病気・外傷その他が推測されるが、具体的には両親や自分の病気や病気に対する不安、両親の離婚、学校生活や友人関係などの心理的ストレス、学校でのいじめ、学習不適応、仲間はずれ、学級担任の変化、学習塾の負担、親子関係、同胞葛藤などが挙げられている。母子関係が重要な位置を占めるという考えを中心に、子どもを取り巻く環境の中にストレスを与える要因がいくつかあり、それら

がまじりあって発症していると考えるものや、環境・背景問題がすぐに症状に結びつくのではなく、自分の置かれた環境を本人がどうとらえているかが重要であると考えるものがあり、そしてこれらの両方を病因とする立場もある（文献６・７）。また心因や誘引が明らかでない症例、たとえば「検診の時だけに見られる視覚・聴覚障害」では、その心因の存在は明らかになっていない。しかしこのような心因が明らかでない症例においても、遠因もしくは病因的背景としての家庭環境・学校環境・対人的状況などの影響は否定できない。

⑵**心理学的特徴**として、知的には普通知の症例が多いが、中には学習障害や学習障害傾向を有するものが含まれているという報告もある。またロールシャッハテスト、P-Fスタディ、人物画、親子関係テストからいくつかの性格傾向の特徴が認められるとされている（文献９）。その他の心理学的検査のバウムテスト、Y-G性格検査、CMAS、AN-エゴグラムでいくつかの特徴を見出した報告があるが、全ての症例に見出されたわけではない。これらは機能性視聴覚障害の子どもたちの心理学的特徴をとらえているが、症例報告にとどまるものである。

⑶**身体的要因**については、生育歴中に分娩仮死などの周産期障害、微細神経学的兆候、たびたびの高熱、脳波異常が挙げられている。身体疾患では感冒、発熱、扁桃体摘出、頭部打撲、強大音にさらされた後、目や耳の疾患後の発症報告もみられる。また発症年齢から、視覚機能

の発達の不安定さや視聴覚器官の脆弱性を指摘する報告（文献6）もある。

以上のように様々な病因的要因が挙げられているが、子どもの心身の発達過程においては、子どもを取り巻く環境や生活の中の様々な誘因の存在が疑われるといえよう。

具体的症例について

これらの子どもたちのイメージを明確にするために、前に述べた三タイプの子どもたち（過適応タイプ・前適応タイプ・不適応タイプ）を取り上げることにしよう。ただし実例のままではなく、筆者が特徴を組み合わせて作り上げた典型的な子どもたちである。

A子ちゃん　いつも緊張気味で、感情を抑えているがんばり屋の『良い子』

小学四年生。二年生の新学期の視力検査で、それまでの視力一・五が〇・一まで落ちる。原因が分からず眼科近医をあちこち受診していた。当院眼科で機能性視覚障害と診断され、児童精神科を受診。ピアノ、英会話、スイミングスクール、学習塾に通い、友達は多く、クラスのリーダー的存在。特にピアノは両親の勧めで幼い時から始め、現在は音楽大学教授のレッスンを受けるほどの実力を持ち、将来をみんなが期待している。A子ちゃんも期待に応えようとしているが、友達と遊ぶ時間がないのが不満である。主治医のアドバイスで、おけいこごとを休んで夏休みに思いっきり遊び、母子ともに「さぼりになった、人間らしくない生活をしている」と報告するころから、家庭内が柔軟でゆとりのある考え方や暮らしになり、視力は回復していった。

解説：A子ちゃんは周りの人々の期待や要望に精一杯応えようと一生懸命がんばる子どもで、お母さんや先生からみると『良い子』である。しかしそのためにいつも緊張が高く何ごとにも敏感で、自分の感情を抑えている。このタイプの子どもは本人からの訴えがほとんどなく、視力検査の結果は悪いが、他の身体症状はほとんど見られない。治療は緊張を和らげるようにして自分の気持ちを素直にださせるように促し、周りのおとなもそれを受け入れるようにすれば、比較的短期間で改善し、再発することもあまりないようである。

B子ちゃん　神経発達のアンバランスや情緒発達の未熟さについて周囲の理解不足

小学二年生。両親は入学前から聞きとりの悪さが気になっており、いつも聞こえないわけではないが、担任の先生とも相談して耳鼻科近医を受診した。聴力検査で中等度～高度難聴といわれたが、知っている言葉は聞きとれるのに聞きなれない言葉は極端にわからなくなり、本人も困っていた。当院耳鼻科で精密検査をして機能性聴覚障害と診断され、児童精神科に紹介。診察や心理学的検査の結果から、学業や日常生活で注意集中が困難なところ、できるところとできないところが極端で自信がない、幼いところがあるなどの特徴が認められた。診察・集団療法・聞きとり訓練を続け、学校の先生とも連絡を取りながら、両親と協力して治療を進めた結果、聴力が回復した。

解説：B子ちゃんは友達に比べて幼いところがあり、親子関係もうまくいっているとはいえなかった。そして注意集中の困難さや得意なものと不得意なものとの大きな差、自信のなさが周りの手助けを空回りさせ、悪循環に陥っていた。B子ちゃんのこれらの特徴は、しつけや本人の性格の問題だけでなく神経発達のアンバランスによるものだと考えられた。B子ちゃんのような子どもは周りが理解できずに、落ち着きのない子、言うことをきかない子として家庭や学校で評価が低く、おちこぼれになりやすい。おとなは子どもの行動がわがままからでないことを理解して、その子にあった環境とやり方で、やればできるという自信をつけさせることが何よりも大切である。

C子ちゃん　家庭の問題、身体疾患、いじめなどから、家庭や学校での不適応状態

小学五年生。五歳から腎疾患で入退院を繰り返し、最近になって腹痛、頭痛、耳鳴り、耳痛を訴え始め、聴力も低下。当院耳鼻科で機能性聴覚障害と診断され、児童精神科でも個別療法が開始された。聴覚の症状が治まってきたころから視力が不安定になり、これも機能性視覚障

害と考えられた。またこれまで誰にも話せなかった母親と祖母のトラブル、両親のけんか、自分の居場所がないなどつらい気持ちをうちあけるようになる。自信がなくあきらめやすく、必要な自己主張もできない性格はかなり改善したが、中学生の時に学校でいじめにあい、高校受験のストレスも加わり、強迫症状、拒食、関節痛、過呼吸発作などが生じた。母親の問題のために主婦的役割を果たして心身の疲労がひどくなり入院もした。長い経過の中で母親の問題が軽減し、環境が好転し、高卒後短大に進んで保母資格を取り、ようやく独立して落ち着いた社会人生活を送れるようになった。

解説：C子ちゃんは両親それぞれのトラブルや親子関係の問題、腎疾患による入院の繰り返し、学校でのいじめなど多くの要因が重なり、いつも不安な気持で過ごしていた。人に対する信頼感を持てず自分にも不全感を持ち、殻に閉じこもりやすい傾向になってしまった。状況はなかなか好転せず、次々と神経症的症状がみられた。このタイプの子どもは、自分から訴えて受診することが比較的多く、重複障害もみられる。治療は家庭や学校の問題を調整しながら、子どもとの信頼関係を築き、悩みや苦しみを支える人が必要である。改善するまでに時間がかかり、再発することもほかのタイプに比べて多いようである。

三症例はそれぞれに特徴があり、多様な病的状態を示し、重症度も異なっており、改善までの時間も様々である。特にC子ちゃんのように機能性視聴覚障害が始まりとなって、次々と症状が進んでゆく場合もある。これらの子どもたちのその後については長期にわたる調査はなく、十分な情報が得られていない現状である。

これらの子どもたちの今 ――追跡調査

機能性視聴覚障害の子どもたちのその後はどうなっているのであろうか、気になるところである。筆者らは最近これらの子どもたちの追跡調査を実施した。A病院（B病院の前身）の児童精神科とB病院の眼科・耳鼻科・児童精神科を受診して、機能性視聴覚障害と診断された子どもたち七六四人の今現在について、保護者と本人に協力してもらい、二〇〇九年九月下旬から十二月下旬の間にアンケート調査を行った。過去に受診した機能性視聴覚障害の現在の状態および生活の実態調査を郵送によって配布・回収したが、ここではアンケート用紙にある全項目の中から、現在の状況を尋ねた六設問中の①設問「過去の受診の心配ごと」についての検討結果を報告しよう。

対象者はA病院児童精神科一四九例、回答者は保護者一二例、本人六例（追跡期間一七～二五年）であり、B病院対象者は眼科・耳鼻科・児精科計六一五例で、回答者は保護者三二例、本人一九例（追跡期間三～一一年）であった。長期間経過後の調査であるため回収率五・

八％と低かったが、結果は興味深いものであった。

保護者回答では、Ａ病院は「過去の受診の心配ごと」が「ない」群（あまりない・まったくない回答以下同）が八三％、Ｂ病院では六二％であった。本人回答では、Ａ病院の「ない」群六〇％で、Ｂ病院が五七％であった。しかし「ある」群（少しある・とてもある回答以下同）の保護者回答が、Ａ病院一七％、Ｂ病院二七％、本人回答は、Ａ病院二〇％、Ｂ病院三八％であった。Ａ・Ｂ病院において現状では、保護者・本人回答ともに過去の機能性視聴覚障害の症状が改善している症例が半数以上を占めているが、症状が残存する症例もあることが示された（図２・３）。つまり多くは一過性に良くなるとされる多くの報告（文献３・４・６・７・８）と一致するが、追跡期間の長さに関係なく症状が継続する場合があるため、長期的な見通しを必要とし、早期の対応の重要さを示す結果だと考えられた。

その他の設問②「親子関係」、設問③「家庭生活で他に気になること」、設問④「学校・職場生活で気になること」、設問⑤「学校・職場適応」、設問⑥「仲良しの友達」については詳細に述べないが、全体としては悩みがありながらまずまず良好であった。

これらの結果は回答例が少数であるため資料としてとらえるべきであるが、機能性視聴覚障害の長期の追跡調査結果の一つとして意味をもつといえよう。

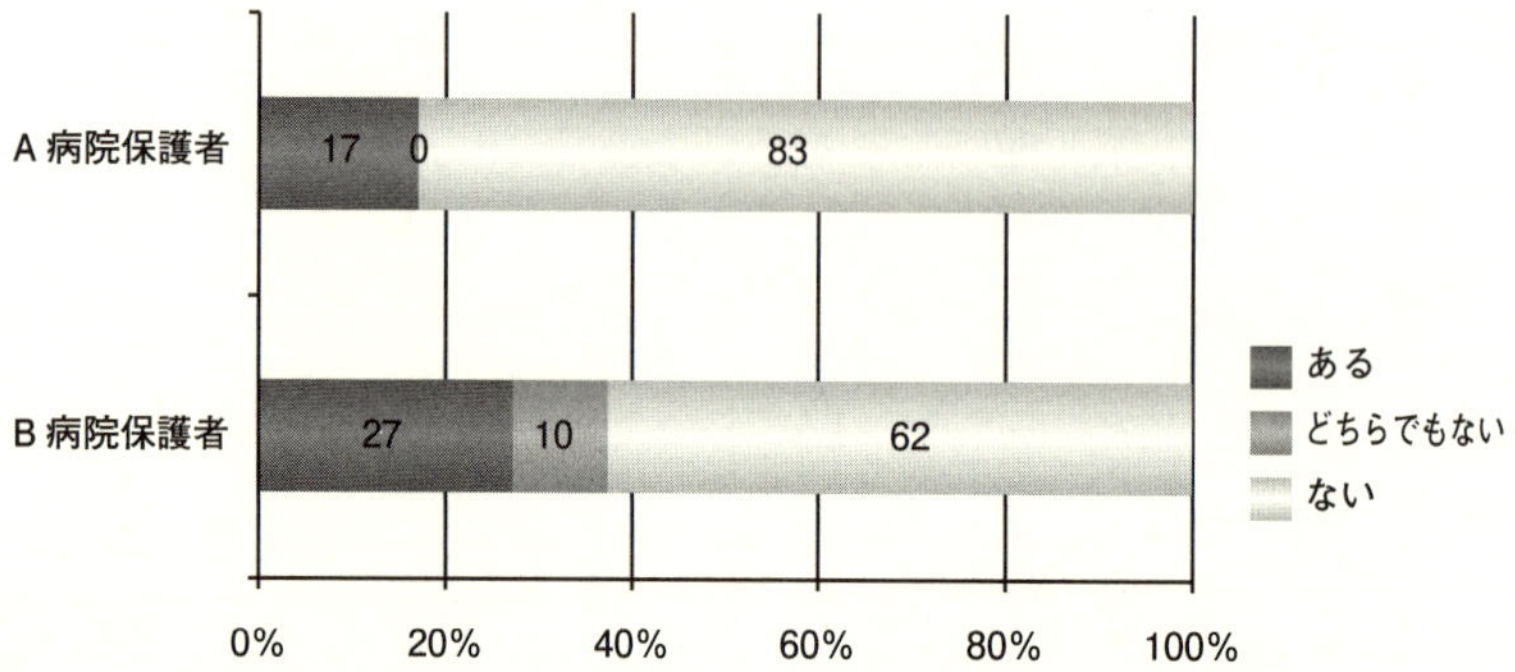

図２　「過去の心配ごと」のＡ・Ｂ病院保護者回答の全体比較

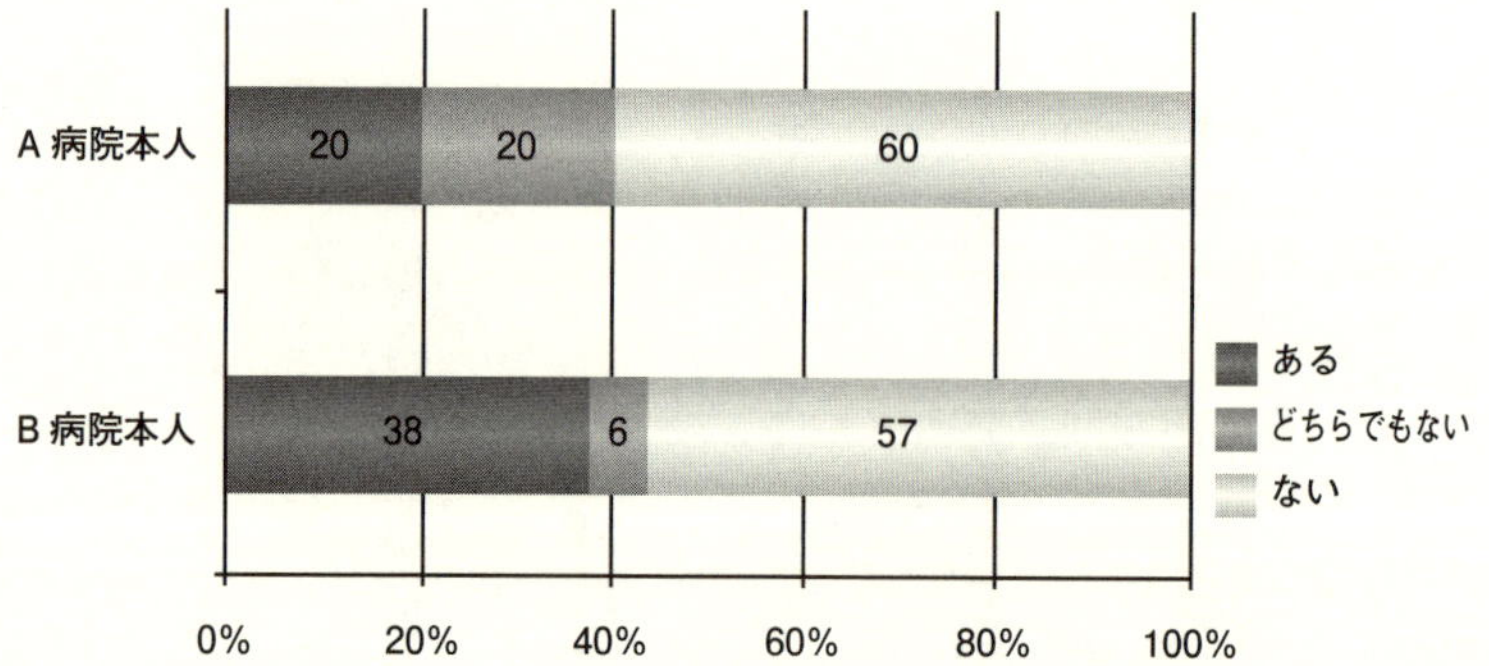

図３　「過去の心配ごと」のＡ・Ｂ病院本人回答の全体比較

各段階での具体的な対応

では今現在、機能性視聴覚障害を示す子どもたちに出会ったとしたら、私たちはまずどうしたらよいのであろうか。最後に、その時々の各段階でどのような具体的対応が望ましいかについて述べることにする。

⑴家庭における対応：子どもたちが自分から訴える場合もそうでない場合も、機能性視聴覚障害の症状を示した時、まず家庭で家族が対応することになる。その際にまずしなければならないこととじっくり取り組まねばならないことを区別する必要がある。保護者はまず子どもたちをゆったり休養させて、じっくり観察し、必要な診療科を受診しアドバイスを受けることになる。その後に自分たちの親子関係や子どもの置かれている状況を振り返ることから始まって、わが国の風潮や価値観、進行中の問題点などについて考えてみることが望まれる。

⑵学校における対応：学校での視力・聴力検診で前回より急な低下が認められたときには、間をおいて何度か検査してみることが必要である。ゆっくりとした雰囲気で検査に集中させ、やさしく励ましたりすると良い結果が出ることもある。一度の結果だけを取り上げて保護者や子どもに余計な不安を与えないほうが望ましい。それでも結果が悪ければ、近医での再検査指示が出されることが一般的である。その結果、器質的な異常が認められず機能性視聴覚障害と

診断されたときには、特に希望がなければ席を前にしたり、特別扱いをする必要はない。各心理学的適応タイプによって微妙な差はあるが、基本的にはその子を注意深く見守り、理解しようと努めることである。学校で安心し、自信を持って過ごしていけるよう環境を整えることが大切である。

(3)小児科、眼科、耳鼻科など近医における対応：機能性視聴覚障害と診断された場合、各診療科の治療によってその多くは予後が良く、視力の改善率は七七〜九五パーセントで、多くは受診後四カ月以内に改善するという報告もみられる。しかし長期の治療にもかかわらず改善が見られず、子ども自身や環境に問題を抱え、児童精神科的治療を必要とするケースが存在するのも事実である。専門的治療施設に紹介する必要が生じるのは、どのような場合であろうか。各診療科の長期の治療で改善が見られないケースが、紹介の対象となる。また機能性視聴覚障害と診断された時点で三つの指標、①自覚症状の有無、②他の心身症状（視覚・聴覚障害の合併を含む）の有無、③家庭背景や学校での対人関係をはじめ日常生活上の問題の有無が指標になると考えられる。図示すると図4のようになる。①〜③指標すべてを有する場合には、直ちに専門の施設に紹介するのが望ましい。また①〜③すべてが存在しないときには、親子へのアドバイスを行い、定期的な検査を実施しながら経過を見ていくことが適当であろう（文献11）。

(4)児童精神科における対応：治療のところで述べたように、初診時の多くの情報から子ども

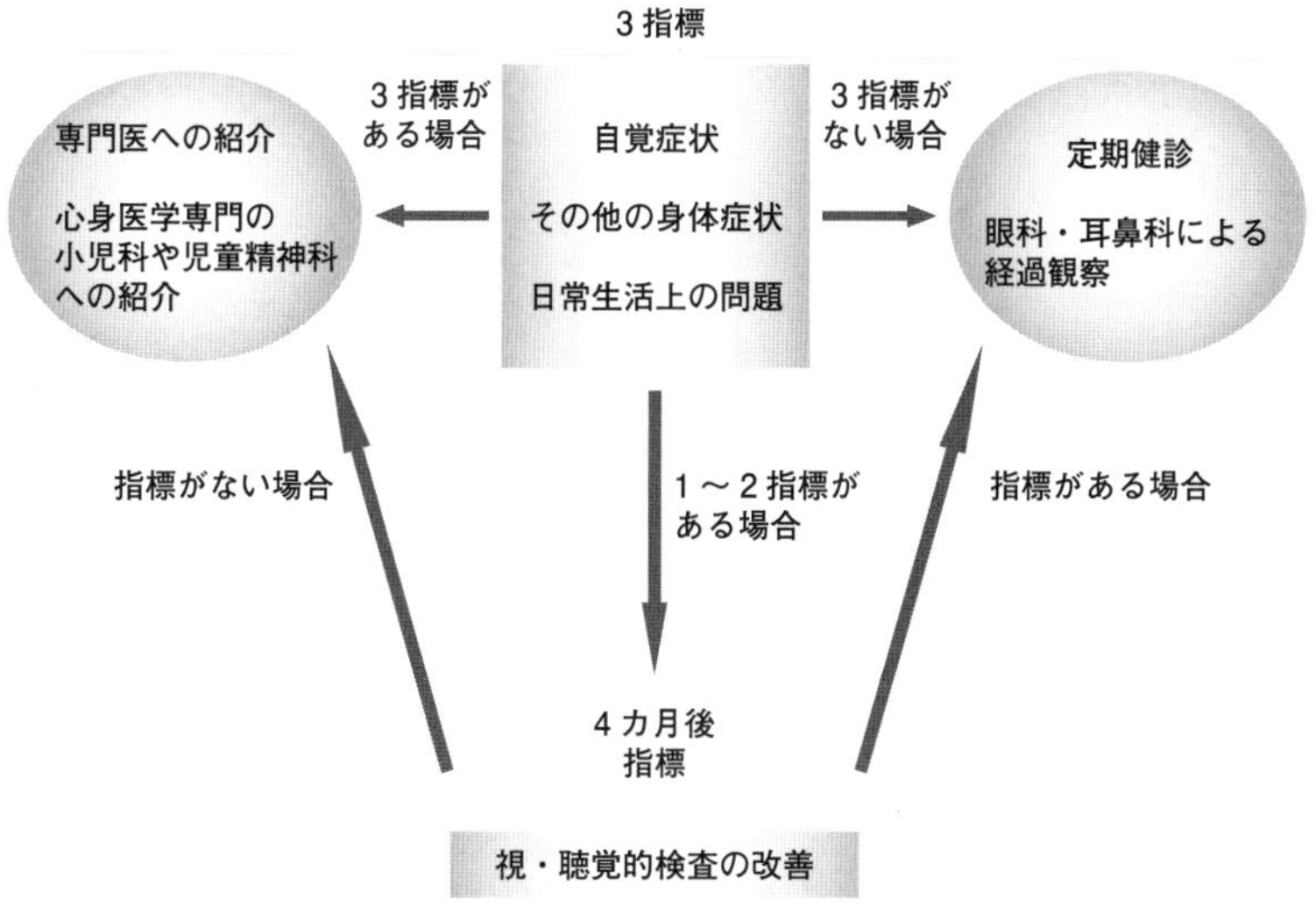

図4　機能性視聴覚障害のための対応手順

の病態やその背景について見たてをし、対人関係の持ち方など総合的な判断から、精神医学的治療の必要度に基づいて治療法を決定する。治療的アプローチは、個別療法・集団療法・経過観察が用いられるが、家族への働きかけと学校や他機関との連携は欠くことができないものである。ただし表1にみられるように、保護者や子どもの治療意欲が乏しく、治療開始に至らなかったものが四二例と多かったことから、初診早期に迅速・簡便に方向づけができる方法論を検討し、不参加例を減らすための努力（文献12）など、今後も工夫を重ねる必要があろう。

最後に繰り返しになるが、子どもたちの健やかな発達を保証するために保護者はもちろんのこと、教育関係者や小児科、眼科、耳鼻科、児童精神科など医療スタッフの間での情報の共有や啓発の重要性はいうまでもないことである。

文献

1　財団法人日本学校保健会『子どもの心因性視覚障害Q＆A』、二〇〇〇年。
2　財団法人日本学校保健会『子どもの心因性難聴Q＆A』、二〇〇一年。
3　水谷秀子・江口研・児玉佳也・若林眞一郎「児童の機能性感覚障害について―（その1）視覚障害につ

いて―」、『児童青年精神医学とその近接領域』、第三十一巻、一九九〇年、一八一―一九〇頁。

4　若林眞一郎・栗田有代・水谷秀子・江口研「児童の機能性感覚障害について―(その2)聴覚障害について―」、『児童青年精神医学とその近接領域』、第三十一巻、一九九〇年、一九一―二〇七頁。

5　Yasuna, E. R. (1951). Hysterical amblyopia in children and young adults. *A.M.A.Archives of Ophthalmology*, 45, 70-76.

6　横山尚洋「心因性視覚障害の臨床像 精神科からみた特徴」、八子恵子・山出新一・横山尚洋(編著)『心因性視覚障害』、東京：中山書店、一九九八年、一三―二一頁。

7　工藤典代「心因性難聴の臨床像 小児の心因性難聴」、矢野純・久保千春(編著)『心因性難聴』、東京：中山書店、二〇〇五年、三―十二頁。

8　Brodsky, M. C., Baker, R. S., & Hamed, L.M (1996). *Pediatric neuro-ophthalmology*, New York: Springer.

9　渡辺純・前田志壽代・田中千代・松林武之・中田順子・大迫茂人「小児期の〝心因性〟視聴覚障害についての心身医学考察」、『心身医学』、第二十八巻、一九八八年、四一九―四二五頁。

10　前田志壽代・田中千代・鄭庸勝・渡辺純・松林武之「児童における機能性視聴覚障害の治療的アプローチに関する考察」、『児童青年精神医学とその近接領域』、第三十五巻、一九九四年、四五一―四六四頁。

11　前田志壽代「心因性視覚障害に対する治療法 精神療法的治療法」、八子恵子・山出新一・横山尚洋(編著)『心因性視覚障害』、東京：中山書店、一九九八年、一三三―一三九頁。

12　前田志壽代・田中千代「機能性視聴覚障害をもつ子どもの類型―ロールシャッハ・テスト指標のクラスター分析から」、『ロールシャッハ法研究』、第一五巻、二〇一一年(印刷中)。

著者紹介

玉越勢治（たまこし・せいじ）第1章
現　　職：関西学院大学大学院文学研究科大学院研究員
専門分野：生理心理学、脳波・事象関連電位、聴覚

三田村仰（みたむら・たかし）第2章
現　　職：関西学院大学大学院文学研究科大学院奨励研究員
専門分野：臨床心理学、社会心理学、行動分析学

野田　航（のだ・わたる）第3章
現　　職：日本学術振興会特別研究員（PD）（関西学院大学）
専門分野：行動分析学、教育心理学、特別支援教育

前田志壽代（まえだ・しずよ）第4章
現　　職：神戸学院大学人文学部人間心理学科専任講師
専門分野：発達心理学、臨床心理学

K.G. りぶれっと No. 28
最先端の心理科学　基礎研究と応用実践

2011 年 3 月 30 日　初版第一刷発行

著　者　玉越勢治・三田村仰・野田航・前田志壽代

発行者　宮原浩二郎
発行所　関西学院大学出版会
所在地　〒 662-0891　兵庫県西宮市上ケ原一番町 1-155
電　話　0798-53-7002

印　刷　協和印刷株式会社

Printed in Japan by Kwansei Gakuin University Press
ISBN 978-4-86283-082-1

http://www.kwansei.ac.jp/press

関西学院大学出版会「K・G・りぶれっと」発刊のことば

大学はいうまでもなく、時代の申し子である。

その意味で、大学が生き生きとした活力をいつももっていてほしいというのは、大学を構成するもの達だけではなく、広く一般社会の願いである。

研究、対話の成果である大学内の知的活動を広く社会に評価の場を求める行為が、社会へのさまざまなメッセージとなり、大学の活力のおおきな源泉になりうると信じている。

遅まきながら関西学院大学出版会を立ち上げたのもその一助になりたいためである。

ここに、広く学院内外に執筆者を求め、講義、ゼミ、実習その他授業全般に関する補助教材、あるいは現代社会の諸問題を新たな切り口から解剖した論評などを、できるだけ平易に、かつさまざまな形式によって提供する場を設けることにした。

一冊、四万字を目安として発信されたものが、読み手を通して〈教え―学ぶ〉活動を活性化させ、社会の問題提起となり、時に読み手から発信者への反応を受けて、書き手が応答するなど、「知」の活性化の場となることを期待している。

多くの方々が相互行為としての「大学」をめざして、この場に参加されることを願っている。

二〇〇〇年　四月